時兆文化　懷氏著作精選集／使徒行述精簡版
ABRIDGED VERSION OF ELLEN G. WHITE'S WRITINGS

THE ACT OF
THE APOSTL

蛻變的生命

的 生命

懷愛倫 著

BRIDGED VERSION
OF ELLEN WHITE'S

THE ACT OF
THE APOSTLES

出版序

懷愛倫師母（Ellen G. White, 1827-1915）生長於19世紀中葉的美國，她對於上帝的忠心以及上帝藉著她帶給這世界的亮光，在這一百多年來，讓千千萬萬人受惠，她也藉著可以超越時空的文字事工，嘉惠多人。

懷氏原著多為厚達數百頁，為了顧及初信者和慕道友在真理上的需求，也因現代人生活忙碌，喜歡閱讀短小精簡的文字，因此，時兆出版社製作「懷氏著作精選集」系列Ⅰ和系列Ⅱ。將原書濃縮調整成百餘頁，讓忙碌的現代人可隨時利用片刻時間閱讀。

我們特別委請專人將原書精簡，每本書的章數不變，但字數大幅縮減。為保有文章的完整性，再加以修飾，務必力求不單忠於原文，且使文字簡潔順暢易於閱讀，並且為了保持原書風貌，故仍採用當時所使用的《和合本聖經》。

為了和「完整版」有所區別，也為了能吸引讀者去閱讀「完整版」，因此幾經商談討論之後，決定使用新書名並重新設計繪製封面，務求其耳目一新，讓更多人領略懷師母著作中的智慧，進而接受來自上帝豐盛的恩典與慈愛。

耶穌基督升天時，留給我們的大使命：「所以你們要去，使萬民作我的門徒。」（馬太福音28：19）這也是時兆出版社極大的負擔。願上帝使用這套叢書，使祂的名被高舉得榮耀！

時兆出版社謹誌

THE ACT OF THE APOSTLES

前言

在《蛻變的生命》一書中，記載著上帝如何使用忠心跟從基督的使徒們，將福音從耶路撒冷傳遍天下。藉著這群使者不辭辛勞地努力，成就了神的旨意。他們在各地建立教會，使傳揚福音的工作興旺起來。從他們的故事中，讓我們看到人如果願意順從神的引導，在人力和神力的合作之下，必能完成神聖的使命。我們要學習他們勇往直前，全心倚靠基督的精神，本著愛主之心，作祂在末日的擎光使者。當主復臨時，便可與眾聖徒一同得享天國的榮耀。

目錄 ▶▶

THE ACT OF
THE APOSTLES

目錄 ▶▶

01 上帝對祂教會的旨意

「耶和華說：你們是我的見證，我所揀選的僕人。既是這樣，便可以知道，且信服我，又明白我就是耶和華。在我以前沒有真神；在我以後也必沒有。」（賽43：10）

　　教會乃是上帝為拯救人類所設的機構，它的使命是將福音傳遍天下，藉此向世人反映出神的慈愛和完全。教會是基督恩典的寶藏庫；其中的教友，是蒙召出黑暗入光明的人，他們必顯出主的榮耀來。聖經中形容教會的形式為「萬民禱告的殿」（賽56：7），「草場上的羊」（結34：31），「眾民的中保」（賽49：8）。教會是上帝在叛亂世界中所設的堡壘和避難所。從起初由忠心的人組成的教會，與天上的教會聯合起來，要向其當代的人作見證。歷經數世紀的迫害、鬥爭、和昏暗，上帝並未撇棄祂的教會。一切的黑暗以及反對的勢力，都在神的預料之中，而且預言皆按照神的旨意逐一實現。在屬靈的黑暗時期，教會成為立在山上的城，維護著天國純淨的真理。有時教會可能顯出軟弱與缺點，但它仍是上帝關懷的對象。教會是神施恩的場所，祂樂於在此彰顯改革人心的神能。

　　基督曾問道：「上帝的國，我們可用甚麼比較呢？」（可4：30）上帝的國度乃要提昇人類，成為祂尊貴的子民。祂的教

會是聖潔生活的院宇，既滿有恩賜，又賦有聖靈。教友們應在幫助及加惠他人時，尋得自己的幸福。先知以西結以河水描寫這工作說：「這河水所到之處，百物都必生活。……在河這邊與那邊的岸上，必生長各類的樹木，……每月必結新果子，因為這水是從聖所流出來的；樹上的果子，必作食物，葉子乃為治病。」（結47：9、12）例如約瑟成為供給糧食的泉源，但以理挽救巴比倫哲士的生命，都顯示了上帝如何藉著祂的子民降福與世人。同樣地，有基督居住心中的人，既從救主領受恩典，又願意將主的愛宣揚分贈他人，其人生便有靈命湧流出來，榮神益人。

上帝揀選以色列民向世人顯明祂的聖德，要他們在世上成為救恩的泉源。可惜以色列人忽視這崇高的特權。他們忘記上帝，不履行所負的神聖使命，並將所有的利益都用在炫耀自己的事上。他們寧願閉關自守地與世隔絕，也不願與人分享所領受的福分。他們既辜負了上帝所交託的使命，又虧欠了對別人應有的宗教指導和聖潔榜樣。祭司和官員們又設計了繁複的儀文教規，沒有將天國的真理傳給別人。他們認為自己的義全然充足，靠著自己的功勞而得救。在法利賽人的宗教裏，完全看不到那使人生發仁愛並潔淨心靈的信心。上帝說：「以色列是茂盛的葡萄樹，所結的果子歸他自己。」（何10：1）猶太領袖們自以為義，而覺得不需要救恩，更不需要領受基督的訓誨和榮耀。因此主將他們所妄用的權利和所輕視的任務託付給他人。門徒們要蒙召去從事猶太領袖未做的工作，成就神的旨意，彰顯祂的榮耀。

02 十二使徒的訓練

「我實實在在地告訴你們，我所做的事，信我的人也要做；並且要做比這更大的事；因為我往我父那裏去。」（約14：12）

　　基督為了推進祂的聖工，既未揀選學者或猶太教師，也未揀選羅馬有權有勢的官員。祂反而揀選了一群既無學問又平凡的門徒，經過訓練之後成為傳揚真理的教會領袖。他們必須接受聖靈的能力，才能在傳福音的工作上有所成就，因為他們不是倚賴人的能力或智慧，而是倚靠上帝的大能。

　　門徒在耶穌的教導下，受教三年半之久。基督以親身生活的方式，訓練他們如何為祂服務。他們每日與主同行共話，聆聽祂口中所說的恩言，目睹祂醫治病人的神能，見證了服務人群的真義。有時是在山邊，有時在海旁，或行在路上；只要有人敞開心門，祂就宣講救贖之道，闡明天國的奧祕。祂不指使門徒行事，只說：「來跟從我。」藉著與祂同甘共苦、同出共進，看到主生活的各方面，學習祂的樣式。

　　教會組織的初步就是十二使徒的設立，以便在主離世之後繼續進行祂在地上的工作。耶穌在山上揀選了十二個人，將他們分別出來，要常與祂同在，並負起傳福音給萬民的工作。當時上帝和眾天使也欣喜地注視這一幕，天父知道這群人將要為耶穌作見

證，而且世代相傳，直到末時。門徒既是向世人宣揚他們所見所聞的見證，就擔任僅次於基督的重要職分。他們要為救人而與上帝同工，作福音教會的代表。

基督在世傳道時，意圖拆毀猶太人和外邦人之間的隔閡，將救恩傳給全人類。祂自由地與撒瑪利亞人來往，並在他們家中住宿和同桌進餐。祂在多次的神蹟中，包括醫治迦百農百夫長的僕人、腓尼基迦南婦人的女兒等事上，清楚的顯示「外邦人在基督耶穌裏，藉著福音，得以同為後嗣，同為一體，同蒙應許。」（弗3：6）基督要門徒明白：在上帝的國裏無分種族、區域、階級、和貴賤，人人都可承受救恩，領受主愛。

雖然在第一批的使徒中，表現出各種性格和生活習慣的差異，但基督力求使他們在主裏能夠團結一致。祂懇切地祈禱，求天父使他們合而為一。祂知道自己即將離世，就先告訴他們將來所要遭受逼迫和受害的事。希望他們在試煉中想起祂的話，而得到鼓勵和安慰。祂說：「你們心裏不要憂愁，你們信上帝，也當信我。在我父的家裏，有許多住處；若是沒有，我就早已告訴你們了。我去原是為你們預備地方去。我若去為你們預備了地方，就必再來，接你們到我那裏去；我在哪裏，叫你們也在那裏。」（約14：1－3）然後又告訴門徒：「我要從父那裏差保惠師來，就是從父出來真理的聖靈；祂來了，就要為我作見證。」（約15：26）果然在聖靈沛降之後，門徒靠著聖靈的能力講道，竟有幾千人受感動悔改歸主。門徒們以基督代表的身分，引人專注救主的大能。他們自我謙卑地宣稱耶穌是永生上帝的兒子，並奉祂的名作工。

　　救主在未被釘的前夕，談及使門徒堅固信心的事，設法引導他們展望將來得勝的喜樂。祂說：「我將這些事告訴你們，是要叫你們在我裏面有平安。在世上你們有苦難；但你們可以放心，我已經勝了世界。」（約16：33）基督從不灰心，也不喪膽；門徒們也要表現出同樣的忍耐和信心。儘管前途有許多阻礙，仍要靠著主的恩典勇往直前；不但毫不失望，反要凡事盼望。主為這群接棒的門徒禱告說：「聖父啊！求你因你所賜給我的名保守他們，叫他們合而為一，像我們一樣。」（約17：11）

03 偉大的使命

「所以你們要去，使萬民作我的門徒，奉父、子、聖靈的名給他們施洗。凡我所吩咐你們的，都教訓他們遵守，我就常與你們同在，直到世界的末了。」（太28：19、20）

　　門徒在基督受難之後，幾乎為沮喪淹沒。他們的夫子遭人棄絕、定罪、釘死，心中的希望隨之幻滅，倍感孤寂傷痛。雖然主曾多次向門徒說明將來的事，但他們從未用心思考祂所說的話；以致無法接受祂受死的事實。當時他們並不相信祂會復活，呈於眼前的乃是前途一片灰暗，毫無希望。意氣消沉之餘，門徒們就聚集在樓房裏，深鎖房門，惟恐耶穌的厄運也會落在他們身上。於是救主復活之後，便到這裏向他們顯現。

　　復活之後，基督又在地上停留了四十天，一方面準備門徒應付當前的工作，同時為他們解明先前所不明白的事。祂的受難、受死、和復活，證明預言都已一一應驗。祂要門徒視預言的應驗為保證，知道在未來的工作中必有祂的能力相隨，因此要為這些事作見證。在最後的這段日子裏，門徒聽到耶穌對所發生的事講解時，信心就得以堅固。這時他們才認清自己工作的性質與範圍，看出自己的使命何在。他們要傳平安的福音和藉悔改而得救之道。

基督在升天之前，將使命交付給他們。祂要門徒將恩典的信息先傳給以色列人，然後傳給各國、各族、各民；並要將信徒們聚集在一個教會之內。門徒們要熱心地從事救靈工作，將恩典的邀請主動的傳送與人。無論身在何處，都要奉基督的名推進福音的工作。因為主的名具有使罪人得救的大能，凡奉祂名向天父祈求的，必蒙應允。基督的名要作為他們的口號、特殊的標記、團結的力量、行事的根據、和成功的資源。他們還要奉父、子、聖靈的名為人施洗。主清楚地指示他們務要保持純樸，越少誇張和自我炫耀，則感化力就越大。

然而這工作並不是輕省的，基督說他們必須「與那些執政的、掌權的、管轄這幽暗世界的，以及天空屬靈氣的惡魔爭戰。」（弗6：12）

但他們絕不是孤軍奮戰，乃是有祂的同在，剛強壯膽地憑信前進。只要聽從主的話，與祂聯合工作，必不致失敗。耶穌吩咐門徒往普天下去，無論到世界任何角落，必有祂的同在、引導、安慰、和支持。基督在十字架上履行了贖罪的條件，成功地完成了祂降世的職務，並從撒但手中奪回一切權柄。此時祂以至高的權威交託這使命給門徒。

在基督離去之前，祂又再度說明祂國度的性質並非屬世，乃是建立屬天的國度。門徒此時不應太在意將來的獎賞，乃要忠心地執行主所交託的任務。祂告訴他們說：「但聖靈降在你們身上，你們就必得著能力；並要在耶路撒冷，猶太全地，和撒瑪利亞，直到地極，作我的見證。」（徒1：8）凡跟從基督的人惟有靠賴聖靈的幫助，才能為正義從事戰鬥。耶路撒冷是救主犧牲

之地，在那裏祂與人同行共話，也在那裏被定罪受害。同時在耶路撒冷城中有不少人暗中相信拿撒勒人耶穌是彌賽亞，也有多人受祭司和官長們的欺騙。福音必須先傳給這些人，使他們蒙召悔改。此刻正值城內為數週來所發生的大事激動之時，門徒的宣講就更具意義，而且能夠留下深刻的印象。耶穌囑付他們先作個人之工，在人數增加後再予以擴大，將福音傳至地極。

最後祂領著門徒出城到伯大尼去，在那裏祂伸手祝福他們，然後緩緩升天。當門徒正舉目望天時，忽然有兩位天使對他們說：「加利利人哪，你們為甚麼站著望天呢？這離開你們被接升天的耶穌，你們見祂怎樣往天上去，祂還要怎樣來。」（徒1：11）這應許要歷久常新地銘記於門徒心中，帶給他們無限的希望。凡愛慕並忠心等候主的人，必要得著尊貴、榮耀、和永生的冠冕。因此門徒得以在基督復臨的指望中歡喜快樂。

04 五旬節

「只等真理的聖靈來了，祂要引導你們明白一切的真理；因為祂不是憑自己說的，乃是把祂所聽見的都說出來，並且要把將來的事告訴你們。」（約16：13）

　　當門徒從橄欖山上回到耶路撒冷的時候，不再帶著憂傷和頹喪的表情，而是面帶喜樂和得意。他們遵照基督的吩咐，在耶路撒冷等候聖靈的沛降。然而他們並非無所事事的空等著，乃是聚集在一起，奉基督的名向天父祈禱，並且常在殿裏稱頌上帝。這時，他們虛心誠意地悔改，彼此間談論著救主的事蹟與教訓。他們對過去的不信感到真誠地懊悔，並深深省察己心。門徒極其懇切地祈禱，放棄了各種爭論和謀取高位的慾望，而在基督徒的交誼中團結一致。當他們如此行的時候，就發覺自己與基督緊密相連，愈來愈親近上帝。他們看到自己的不足，就向主祈求所需要的恩膏，以便能夠擔任救靈的工作。

　　「五旬節到了，門徒都聚集在一處。忽然從天上有響聲下來，好像一陣大風吹過，充滿了他們所坐的屋子。」聖靈沛降在這群祈禱等候的門徒身上，充滿了各人的心。救主大有能力地向教會彰顯祂自己，天上也因此歡喜快樂。在聖靈的感動之下，得蒙赦罪的讚揚與悔罪改過的話語互相調和。門徒領受了這恩賜，

結果在一日之間引領了數千人悔改歸主。

其實基督升天乃是一個信號，表示在祂進入天庭登基為王的典禮完成之後，聖靈即豐富地傾降於門徒身上，使他們領受所應許的福分。五旬節聖靈的沛降，乃是天國所發的通告，說明耶穌已經以君王和祭司的身分，取得天上地下所有的權柄，與父同享榮耀。「又有舌頭如火焰顯現出來，分開落在他們各人頭上。他們就都被聖靈充滿，按著聖靈所賜的口才，說起別國的話來。」這是一種象徵，表明門徒領受聖靈的恩賜後，竟能流利地說出從未通曉的方言。火焰的出現則預示使徒從事這工作的熱情，以及隨這工作所具有的能力。

當時散居各地的猶太人，都聚集在耶路撒冷參赴宗教節日的聚會，由於過去曾被擄和流亡，他們學會說各種不同的方言。這種言語上的分歧，對傳福音是一種障礙。上帝藉著聖靈的恩賜，補足了使徒們的短缺。從此之後，他們不論說本地話或外國語，都是純正、簡明、而準確的。眾人聽見他們能說不同的語言，就甚感訝異。

祭司和官長們見此情形更是惱怒，但不敢採取行動，怕會觸犯眾怒而引起暴亂。他們以為除掉耶穌便可免去心頭大患，豈料祂的門徒竟有神奇的能力，以各地方言傳講耶穌。他們在無計可施之下，偽稱這些門徒是酒醉而作亂。彼得起來答辯他們的指控時，明白地告訴眾人門徒們並沒有醉，而是應驗先知約珥所說的「在那些日子，我要將我的靈澆灌我的僕人和使女；他們就要說預言。」彼得又清楚地為基督的死和復活作見證。他提到先祖大衛死後，一直埋在墳墓裏，而耶穌則在死後得復活。使徒大膽地

宣講這位被他們羞辱和釘死的拿撒勒人耶穌乃是生命之君，祂不但復活，而且已升天坐在上帝的右邊了。

民眾從各方而來，擠滿了殿宇。其中有敢怒不敢言的祭司和官長們，還有那群隨聲附和釘死救主的人。如今聽見門徒的講論，祭司和官長顫慄不已，民眾們更是悔恨交加。他們問彼得和門徒們：「我們當怎樣行？」彼得告訴他們：「你們各人要悔改，奉耶穌基督的名受洗，叫你們的罪得赦，就必領受所賜的聖靈。」許多先前受祭司和官長蒙騙的民眾，就認罪接受這真理。在那一天，門徒引領了三千人受洗歸主。猶太的領袖們親眼目睹這五旬節的見證，連門徒也對這豐收感到既驚又喜。這一切都是基督撒下真理的種子，並用自己的血加以澆灌，藉著聖靈深入人心，而得此收穫。

在聖靈的教導之下，門徒不再是愚昧無知的烏合之眾，亦不再沉緬於屬世的偉業上。他們是同心合意、一心一意的為主工作，基督充滿了他們的思想和品格，眾人就認出他們是跟過耶穌的人。五旬節為門徒帶來上天的啟導，使他們確信基督是彌賽亞，並本著自信向人傳述此福音。他們心中洋溢著豐盛深厚的仁愛，驅使他們到地極去為主作見證。既懷有聖靈的恩賜，便滿腔熱忱地出去擴展福音的工作。他們臉上煥發著基督的平安，口中講述出熱誠感人的言詞，並奉獻自己的一生為主服務。

05 聖靈的恩賜

「使徒大有能力，見證主耶穌復活；眾人也都蒙大恩。」

（徒4：33）

　　基督在即將結束地上工作之前，應許賜予門徒聖靈的恩賜。祂說：「我要求父，父就另外賜給你們一位保惠師，叫祂永遠與你們同在，就是真理的聖靈，乃世人不能接受的；因為不見祂，也不認識祂。你們卻認識祂，因祂常與你們同在，也要在你們裏面。」（約14：16、17）耶穌在此預先指明將來聖靈要作祂的代表，施行大事。五旬節聖靈的沛降，使救主復活的喜信傳至地極。當門徒傳揚救恩的信息時，藉著聖靈的能力，人們的心就順服和悔改了。一些原來強烈反對福音的人，反而變成它的擁護者，悔改的人從各方蜂湧而至。他們共有的志向是要表現酷似基督的品格，並為擴展祂的國度作努力。

　　在門徒的努力之下，有許多蒙揀選的人加入教會，並獻身於傳揚福音的工作。主藉著他們說話，周遊各處，靠著上帝恩典而行神蹟，將福音帶給貧窮的人。這就是人將自己交給聖靈管理時，上帝所能成就的大事。賜聖靈的應許並不限於任何時代或任何種族。從五旬節迄今，保惠師一直與完全獻身歸主的人同在，隨時隨地作他們的顧問、指導、與見證，並使他們成聖。信徒愈

密切地與上帝同行，愈能清楚有力地為主的愛和救恩作見證，更能彰顯救贖之愛改變人心的能力。

那些在五旬節領受聖靈的人，並非從此免受試探與磨難。當他們為真理及正義作見證時，仍不免屢遭攻擊和逼迫。他們必須每日祈求天父賜下新的恩典，操練對上帝的信心，本著謙虛的心順服聖靈的潛移默化，得以成為聖潔、文雅、高尚、和與神相似的人。上帝豐富的恩典之所以不沛降於人，乃是因為人們不重視這方面的需要。只要人甘心樂意地尋求，必被聖靈充滿。每位為主工作的人，應當每天向神祈求接受聖靈的洗禮；得到來自天上的幫助和智慧，以便知道如何明智地從事福音的工作。凡獻身為主服務的人，無論置身何處，都必有聖靈同在。保惠師聖靈必在危急或黑暗中支持和引領我們，在孤立無助之時，安慰和幫助我們。

一個人在特殊情況之下所表現的屬靈振奮，並不足以作為他是基督徒的確證。成聖不在於一時的狂喜，而是心意完全的歸順神，遵行祂的旨意。無論身處黑暗或光明中，始終信靠上帝，無時無刻憑著信心仰賴祂的大愛。論到聖靈，基督清楚地指出祂要引人明白一切真理。聖靈的本性原是一個奧秘，人無法加以解釋或領悟。耶穌列舉聖靈的職務為：「祂既來了，就要叫世人為罪、為義、為審判、自己責備自己。」（約16：8）聖靈使人知罪，以甦醒人心的感化力，引人悔改。

聖靈又向人顯示那除去世人罪孽的主。基督說：「祂要將一切的事，指教你們，並且要叫你們想起我對你們所說的一切話。」（約14：26）聖靈乃是神所賜下更生復新的能力，要使主的救贖生效。祂經常引人注意十字架偉大的犧牲，向世人顯揚

上帝的慈愛，展露聖經的寶藏。使人知罪悔過之後，聖靈就使我們心中充滿聖潔的渴望，不再貪愛世俗之事，全然達到成聖的地步。聖靈必將生命之路顯明，使人不致誤入歧途。

上帝從起初就藉著聖靈在世上成就祂的旨意，這事曾在眾先祖的生活上顯示過。現今神依舊以聖靈在人心中運行，使獻身的男女成為真理的見證人和傳光者。切勿懶散地坐待聖靈特別沛降，而忽略了眼前的義務和權利，以致任憑真理之光黯淡下去。到了末期，獻身的信徒在聖靈引導之下熱心事奉，會顯出特殊的證據來。以色列人以早雨和晚雨為聖靈的表號。使徒時代聖靈的沛降乃是早雨或秋雨的開始，其結果是輝煌的。但是在末日時，亦要賜下特別的靈恩，預備教會迎接人子的復臨，這種聖靈的沛降，被稱為晚雨或春雨。除非信徒與生命之源有活潑的聯繫，否則就不能作好收割莊稼的準備。惟有不斷領受新的恩典，才能得到相稱的能力，成為合用的器皿，在生活上為主作美好的見證。就連基督在世上生活時，亦是每日藉著祈禱，加強自己的信心，儲備足夠的力量抵擋罪惡，接濟他人的需要。

我們亦當如此效法主的榜樣，每日清晨跪在主前獻上自己，祂必賜下聖靈與我們同在，使我們成為「與上帝同工」的人。

06 在聖殿門口

「**上帝又按自己的旨意，用神蹟、奇事和百般的異能，並聖靈的恩賜，同他們作見證。**」（來2：4）

　　基督的門徒既已深覺自己的不足，便以祈禱和自卑的精神，使自己的軟弱結合祂的能力，使自己的愚昧結合祂的智慧，使自己的不配結合祂的公義，使自己的窮乏結合祂的豐富。彼得和約翰在接受聖靈沛降和懇切禱告之後，就上聖殿去禮拜。在聖殿的美門口，看見一個年約四十歲生來瘸腿的人，從出生以來，一直過著痛苦病弱的生活。他久已渴望見到耶穌，以便得到醫治。但因孤弱無助，又離耶穌工作地區甚遠，就無法前去求助。終於有一些朋友願意將他抬到聖殿門口等候耶穌出現，卻又發現主已遭害，便陷入極度失望中。朋友每天將他抬到聖殿門口，使路人因憐憫他而予以少許賙濟，解救他的需要。

　　當彼得和約翰經過的時候，他也向他們乞求賙濟。彼得回答說：「金銀我沒有，只把我所有的給你，我奉拿撒勒人耶穌的名叫你起來行走。」這瘸子臉上綻出一線希望，於是彼得拉著他的右手，扶他起來。果然他立刻健壯能站起來，同他們進了聖殿，又走又跳地讚美上帝。其他人認出他就是坐在美門行乞的瘸子，對他得醫治之事甚感驚訝。不單稀奇他能行走，並訝異門徒竟能

像耶穌一樣施行神蹟。受了四十年的病痛折磨，這人從此行動自如，並因相信救主而得喜樂。

　　彼得問眾人：「以色列人哪，為甚麼把這事當作稀奇呢？為甚麼定睛看我們，以為我們憑自己的能力和虔誠，使這人行走呢？……我們因信祂的名，祂的名便叫你們所看見所認識的這人健壯了。正是祂所賜的信心，叫這人在你們眾人面前全然好了。」彼得又坦白地指出他們所殺害的生命之主，已從死裏復活，並說：「所以你們當悔改歸正，使你們的罪得以塗抹，……上帝既興起祂的僕人（或稱兒子），就先差祂到你們這裏來，賜福給你們，叫你們各人回轉，離開罪惡。」聽眾之中有多人正期待聽此福音，就相信並接受此見證。救主所撒的種子已經萌芽生長，結出果實了。

　　門徒向百姓講道時，祭司們、守殿官、和撒都該人，忽然來了；聽見他們傳講死人復活的道理，就很煩惱和不悅。相信門徒的人數迅速增加，法利賽人和撒都該人一致認為應要阻止此事，便逮捕了彼得和約翰，將他們關在監裏。這群猶太的教師，硬著心腸，一次又一次地拒絕聖靈的呼召和悔改的機會。既委身反對基督，就決心拒絕真光，並消滅聖靈的感動，與上帝作對。由於他們頑梗不化，反抗之心日漸劇增，以致到了聖靈無法感化的地步。同樣地，一個罪人連續抗拒上帝的呼召，便將自己置於萬劫不復，無可救藥之中。

　　次日，彼得和約翰被帶到大祭司亞那和該亞法以及殿中其他顯貴面前受審。這是以前基督受審，彼得三次否認主的地方。如今的彼得，和先前那位衝動自誇的彼得判若二人。他已被聖靈

充滿，溫和謙卑地為主作見證。當祭司們質問他們奉誰的名行事時，彼得一無所懼地宣稱：「是因你們所釘十字架，上帝叫祂從死裏復活的拿撒勒人耶穌基督的名。祂是你們匠人所棄的石頭，已成了房角的頭塊石頭。除祂以外，別無拯救；因為在天下人間，沒有賜下別的名，我們可以靠著得救。」這兩位門徒如同基督過去說話一樣，具有令人折服的能力。猶太人的領袖們既惶恐，又無言反抗他們有力的辯護，就「認明他們是跟過耶穌的。」那瘸子得醫治和使徒的傳道，轟動了耶路撒冷全城，成為大有能力的見證。

祭司和官長們就更加定意要阻止門徒的工作，但礙於群眾的反應，不敢採取太大的行動。於是將他們帶到公會面前，命令他們不可再奉耶穌的名傳道。但兩位門徒卻說：「聽從你們，不聽從上帝，這在上帝面前合理不合理，你們自己酌量吧！我們所看見所聽見的，不能不說。」如此的回答，讓祭司們無可奈何地釋放了他們。其他的門徒在彼得和約翰被拘押期間，不住地為他們禱告，惟恐發生在基督身上的舊事重演。

使徒得釋放後，即前去將一切報告給其餘的門徒，他們聽見之後，就同心合意的讚美神。於是在聚會的地方震動了，他們亦重新被聖靈充滿，就再度出去在耶路撒冷傳道，見證主的復活，為主作工。

現今我們也當本著同一原則為主作工。在這最後的鬥爭中，以上帝的聖言為至高權威。我們要依法順從人間政府，實行當盡的義務。但當人的要求與神的要求相抵觸時，我們必須選擇先順從上帝。基督徒應當謹言慎行，不作無謂的犧牲，以致阻礙福音

的工作。只要奉基督的名前進，擁護高舉真理，必能像使徒一樣為主成就大事。

07 對於偽善者的警告

「他們說是認識上帝，行事卻和祂相背；本是可憎惡的，是悖逆的，在各樣善事上是可廢棄的。」（多1：16）

門徒在耶路撒冷傳道時，有上帝為他們的話作證，所以許多人相信這道理。在早期的信徒中，有許多人被迫離家與親友隔絕，因此教會必須供給他們飲食和住宿。信徒中有錢財和產業的人，都樂意地獻上所有，應付急需。將田產房屋賣了之後，拿價銀給使徒們，「照各人所需要的，分給各人。」這種慷慨捐獻的精神乃是聖靈沛降的結果。他們是「一心一意」的完成所託付給他們的使命；因此愛弟兄及擁護聖工之心，遠勝過貪錢財之心。這行為證明他們看重屬靈的財富比屬世更為寶貴，也顯明這是上帝的靈掌握人心的結果。凡心裏充滿基督之愛的人，必跟從主的榜樣，在主內使貧窮成為富足。他們知道錢財、光陰、影響力，乃是來自上帝用作推進傳福音的資源。在今日的教會中，若能看到教友因聖靈的感動，放棄對屬世的追求，甘心犧牲奉獻，所傳的真理必能發揮強大的感化力。

亞拿尼亞和妻子撒非喇在聖靈沛降時，在場見證當時的情形，就許願變賣自己的產業，捐獻給主。過後，因貪念又反悔，認為自己過於草率作此決定。二人商議之下，決定不履行這諾

言；但又羞於承認自私之心，所以決定假裝將全部價銀捐作公款，實際上卻保留一大部分為己用。這樣，他們既可靠公款維生，又可得到弟兄們的愛戴。

　　然而上帝憎惡偽善與虛謊，這欺哄聖靈的罪行必受到嚴重的刑罰。當亞拿尼亞帶來他的奉獻時，彼得說：「亞拿尼亞！為甚麼撒但充滿了你的心，叫你欺哄聖靈，把田地的價銀私自留下幾分呢？田地還沒有賣，不是你自己的嗎？既賣了，價銀不是你作主嗎？你怎麼心裏起這意念呢？你不是欺哄人，是欺哄上帝了。」亞拿尼亞聽見這話，就仆倒斷了氣。亞拿尼亞的奉獻本是出於自願，就不應以欺騙的手段蒙騙人與神。

　　約過了三小時，妻子撒非喇進來，尚未知道剛發生的事。彼得問她變賣田地的價銀，就是這些嗎？她回答是。彼得說：「你們為甚麼同心試探主的靈呢？埋葬妳丈夫之人的腳，已到門口，他們也要把妳抬出去。」撒非喇就立刻仆倒在地斷了氣。少年人就將她埋葬在丈夫旁邊。全教會和聽見這事的人，都甚懼怕。這件事成為神對教會的一項警告，證明人不能欺騙上帝，因祂洞悉人心中隱藏的罪惡，而且必須以此警告防止初生的教會趨向腐化。那時信徒的人數迅速增加，神要他們真心實意地事奉，而不是偽裝或假冒地行善；更不該奪取屬於上帝之物。上帝恨惡貪婪之心與虛詐之行為。亞拿尼亞和撒非喇起了貪念，將應許獻給主的財物留下部分為己用，而犯了欺騙之罪。

　　這信息的警告，也要同樣發給各世代的教會。福音的工作倚賴祂子民的奉獻，以什一捐和各項樂意捐支持聖工。上帝要求我們獻上十分之一，作為歸屬祂的表示，人當信守這與神立下的誓

約。至於是否要增多奉獻之數，則由各人自行決定。人若受了神恩的光照，就會願意捐助，將祂所賜予的財物奉還十分之一，以表示感恩；再加上各項樂意捐，繳入教會庫中，便有足夠的款項推動聖工。

可惜人心自私，有許多人放縱地浪費金錢，只顧滿足自己的需求和享樂，而不忠心履行對神的承諾。有一天他們必要在神面前交賬，得到賞罰。亞拿尼亞和撒非喇偽裝獻上一切所有，欺哄了聖靈而喪失今生和來生的生命。如今上帝同樣譴責虛偽之罪。人若輕諾寡信，口是心非，終必出賣自己的人格與信仰，落在毀滅之中。基督徒務要遵守承諾，口出真言，手作善行，才能真正推進聖工的發展。

08 在猶太公會前

「人要把你們趕出會堂，並且時候將到，凡殺你們的，就以為是事奉上帝。」（約16：2）

那給世界帶來希望和救恩的，乃是代表羞恥與殘酷的十字架。卑微又無財富的門徒，倚仗基督的能力，出去宣講馬槽與十字架的奇妙故事。他們雖然沒有屬世的尊崇或名譽，卻能說出震撼人心的話來。在耶路撒冷城內，既有極深的偏見存在，又有迷惑的意見盛傳著。門徒依然勇敢地宣講永生之道，向猶太人述說基督被釘、復活、與升天的信息和使命。那復活之主的能力降在他們身上，以致信徒的人數與日俱增。他們又奉主名醫病趕鬼，凡得醫治的人都歸榮耀給主。

祭司和官長們見此便決心制止門徒的工作，因為這工作證明他們犯了殺害耶穌的罪。不相信復活的撒都該人，對門徒宣揚基督已從死裏復活感到惱怒。法利賽人則認為門徒的教訓破壞了猶太教義，廢去獻祭的效用而感不快。因此聯手捉拿彼得和約翰，將他們收在監裏。猶太人的領袖徹底違背了作上帝選民的旨意，並且盲目地發洩自己所謂的「義怒」。但門徒卻不因此膽怯後退。聖靈使他們想起基督從前所說的話：「僕人不能大於主人。他們若逼迫了我，也要逼迫你們；若遵守了我的話，也要遵守你

們的話。但他們因我的名,要向你們行這一切的事,因為他們不認識那差我來的。」(約15:20、21)

全能的神,宇宙的主宰,卻親自出面干涉門徒被囚之事。在夜裏主的使者打開監門,吩咐門徒到殿中對百姓傳講生命的道。彼得與約翰毫不置疑地服從這差遣,「天將亮的時候,就進殿去教訓人。」當他們向信徒述說天使營救的經過和吩咐繼續為主工作時,眾弟兄便大為歡喜。此刻大祭司叫齊公會的人和以色列族的眾長老,決意以殺害亞拿尼亞和撒非喇,以及意圖推翻祭司權威之罪名控訴門徒。他們希望能煽動群眾辦成此事。及至他們差人去把使徒提到庭上時,才發現監牢的門還緊關著,守衛也站在門外,囚犯卻不知去向。過了不久,使徒在殿中講道的消息才傳來。於是派人將使徒帶來受審問。

彼得和約翰的經歷,成為後來教會的模範。即使受監禁、酷刑、甚至死亡,他們也不願因順從人而違背上帝的使命。彼得受了聖靈的感動,在猶太公會面前說:「你們掛在木頭上殺害的耶穌,我們祖宗的上帝已經叫祂復活。……將悔改的心,和赦罪的恩,賜給以色列人。我們為這事作見證;上帝賜給順從之人的聖靈,也為這事作見證。」猶太人聽了這話就激怒如狂,決定要擅用私刑,不再進行審問,也不經羅馬當局授權,就當場處死這兩個囚犯。但在議會中有一人名叫迦瑪列,是一位具有學問和崇高地位的法利賽人。他看出祭司們的企圖必要導致可怕的後果;就要求將囚犯帶走,然後列舉從前曾經興起群眾追隨的一些人,事過了後附從的人也都四散的例子。他說:「現在我勸你們不要管這些人,任憑他們吧;他們所謀的,所行的,若是出於人,必要

敗壞；若是出於上帝，你們就不能敗壞他們；恐怕你們倒是攻擊上帝了。」祭司們同意這見解，在打了門徒和一番恐嚇之後，勉強釋放他們。門徒離開公會，因配為主名受辱而滿心歡喜；就每日在殿裏和家中，不住地傳講耶穌的福音。

　　真理的歷史永遠是一種善與惡的鬥爭。基督曾警告門徒說：「在世上你們有苦難」（約16：33）「人要下手拿住你們，逼迫你們，把你們交給會堂，並且收在監裏，又為我的名拉你們到君王諸侯面前。連你們的父母、弟兄、親族、朋友，也要把你們交官。」（路21：12、16）今日的世界不比使徒時代安穩平靜，到處依然充滿對真理的仇恨。

　　福音要冒著反對、危險、和苦難向前推進。這些與父、子、聖靈聯合的人，始終不為逼迫而與基督的愛隔絕。每當信徒為義受難時，耶穌必站在旁邊說：「你們可以放心；我已經勝了世界。」（約16：33）祂又應許說：「你不要害怕，因為我與你同在；不要驚惶，因為我是你的上帝；我必堅固你，我必幫助你，我必用我公義的右手扶持你。」（賽41：10）「倚靠耶和華的人，好像錫安山，永不動搖。」（詩125：1）

09 七位執事

> 「但願賜忍耐安慰的上帝，叫你們彼此同心，效法基督耶穌，一心一口榮耀上帝——我們主耶穌基督的父！」（羅15：5、6）

　　早期教會是由各階層和各種國籍的人所組成的。當時不但有希伯來人，亦有一些說希臘話的猶太人加入教會。他們與住在帕勒斯廳的猶太人之間，常有敵對的現象。由於被基督的愛感化，大家都盡釋前嫌，彼此和睦共處。撒但深知必須利用這些人思想習慣的差異，引起分裂，才能阻止教會的成長。於是當信徒增多時，這些說希臘話的猶太人抱怨在每日分配供養物品的事上忽略了他們的寡婦。由於教友人數劇增，責任和工作實有重新分配的必要。使徒們亦看到眼前的危機，便召集眾信徒舉行會議。在聖靈的指引之下擬訂計劃，使教會能更具組織性地健全起來。

　　使徒在會議中說明時候已到，他們必須將過去所負的一些責任分配給別人，以便無所牽掛地進行傳揚福音的工作。於是他們在弟兄中間選出七位有好名聲、被聖靈充滿、智慧充足的人，專任照顧窮人需要的工作。藉著禱告和按手，選派他們擔任執事的職位。這七個人熱心地從事所受派管理的工作，使「上帝的道興旺起來；在耶路撒冷門徒數目加增的甚多；也有許多祭司信從了這道。」採取這一措施之後，使徒們獲得更多時間專心傳道，福

音的工作就得到更大的果效。早期的教會要以團結合一的精神，建立傳佈真光和福惠的中心。門徒惟有與基督合而為一，才能得到聖靈能力的同在和天使的幫助，並在與惡勢力的爭戰上得勝。當他們聯合一致工作時，天使會在前面開路，預備人心接受真理。只要保持合一的精神，教會就能前進，光榮地完成傳福音的使命。

　　真理的使者應以耶路撒冷教會的組織為典範，使教會以團結一致的步調從事福音的工作。身為領袖或負責監督教會的人，要作聰明的牧者牧養上帝的羊群；要維護正義，作各人的榜樣，發揮感化力。在早期教會的歷史中，許多信徒團體於世界各地紛紛成立教會。每一個信徒都要善用神所託付的才能，克盡一己的本分。聖靈亦賦予各項特別的恩賜給眾人，「第一是使徒，第二是先知，第三是教師，其次是行異能的，再次是得恩賜醫病的，幫助人的，治理事的，說方言的。這一切都是這位聖靈所運行，隨己意分給各人的。就如身子是一個，卻有許多肢體；而且肢體雖多，仍是一個身子；基督也是這樣。」（林前12：28、11、12）那些蒙召作教會領導工作的人，要嚴肅地負起責任，多用心思在需要特別智慧與寬大心懷的事上。要學習摩西揀選七十個長老，和大衛分配職責給各支派的首領一樣，先揀選有才能、正直誠實、敬畏上帝的人，立他們為領袖，幫忙管理各樣事務。凡蒙召為領導的人，「既是上帝的管家，必須無可指責；不任性、不暴躁、不因酒滋事、不打人、不貪無義之財；樂意接待遠人、好善、莊重、公平、聖潔、自持；堅守所教真實的道理，就能將純正的教訓勸化人，又能把爭辯的人駁倒了。」（多1：7-9）

早期的基督教會，以秩序分明、行動一致，彼此諧和的步伐，向前穩進。地方教會發生紛爭時，先由當地信徒自行解決；如無法達成協議，就提交由各教會指派代表所組成的全體信徒大會處理。這樣就可抵禦撒但分裂教會的攻擊。上帝亦要今日的教會，在辦理各項事務上，遵守秩序和規律。大家聯合一致，馴服於聖靈的帶領之下，以人神合作的方式，將福音和恩典之道傳給世人。

10 第一個殉道者

「司提反是以智慧和聖靈說話，眾人敵擋不住。」（徒6：10）

七執事之首司提反是一位虔誠和富有信心的人。他生來是猶太人，但能操希臘語，並熟悉希臘人的風俗習慣。因此他常到說希臘話的猶太會堂宣講福音。他活躍於基督的聖工上，大膽地傳講所信的真理；並能與拉比和教法師們公開辯論。他不但以聖靈的能力說話，而且明白地顯示他精通預言和律法，能為真理作有力的申辯。祭司和官長們對他滿心憎惡，決意要置他於死地，止息他的聲音。因此便捉拿司提反，將他押到公會前受審。

他們召集了各地的猶太學者，目的在駁倒這個囚犯的議論。當時來自大數城的掃羅，充當這事的要角，意圖以雄辯和拉比的理論證明司提反的過錯。但他卻看見眼前站著的是一個充分明瞭上帝旨意的人。他們既然無法勝過司提反的辯論，便決定賄買證人作假證，誣告他犯了蹧踐聖殿和律法之罪。這些證人謊稱他們曾聽他說耶穌要毀滅此殿，也要更改摩西的規條。

司提反面帶聖潔的光輝，站在他們面前申辯。「在公會裏坐著的人，都定睛看他，見他的面貌，好像天使的面貌。」許多人看見這光不禁掩面顫抖，但官長們仍堅決要殺他。司提反清晰動人地申述以色列人作選民的歷史，顯明自己是忠於上帝和猶太

人的信仰；同時又指出猶太人的律法無法救他們脫罪，將耶穌與猶太人的歷史結合起來。當他引用所羅門和以賽亞的話，提及至高者不居住在人手所造的殿宇時，民眾就起了騷動。大祭司假作驚嚇，撕裂自己的衣服。司提反知道這是他最後一次的見證，講到一半就忽然中斷，而轉向審判官說：「你們這硬著頸項，心與耳未受割禮的人，時常抗拒聖靈；你們的祖宗怎樣，你們也怎樣。……他們也把預先傳說那義者要來的人殺了；如今你們又把那義者賣了，殺了。」

祭司和官長們因此憤怒如狂，竟像猛獸一般地咬牙切齒，衝向司提反。此時司提反已看到他將臨的命運，但他視死如歸，一無所懼。天門就向他敞開，他看到了天庭的榮耀。於是他歡呼道：「我看見天開了，人子站在上帝的右邊。」這些逼迫他的群眾搗著耳朵，大聲喊叫的擁上前去，把他推到城外，用石頭打他。司提反臨終前，跪在地上呼喊說：「求主耶穌接收我的靈魂。主啊！不要將這罪歸於他們。」然後就睡了。

司提反在未經合法判決之下被處決，羅馬當局因收受大筆金錢的賄賂，就不加追究此事。司提反的殉道使在場目睹的人留下深刻的印象。他的死對教會乃是一個痛苦的考驗，但卻促成了後來掃羅的覺悟。

掃羅在逼迫司提反時，表現了瘋狂的熱心；但私下卻被他的信心和節操所感動。司提反死後，掃羅被選為公會議員，獎勵他在這事件中的功勞。他繼續逼迫上帝的教會，追索捉拿信徒，將他們交給猶太領袖監禁或處死。他逼迫的狂熱引起耶路撒冷教會的恐慌，成為撒但手中的有力工具。羅馬當局亦默許

這逼迫的工作，暗地裏支持他們。但過不久，這位殘酷無情的掃羅，卻要蒙召悔改，取代司提反，成為傳福音到遙遠之地和為義受苦的使徒。

11 福音傳到撒瑪利亞

「到了日期,藉著傳揚的工夫,把祂的道顯明了;這傳揚的責任是按著上帝——我們救主的命令交託了我。」(多1:3)

司提反死後,殘酷的逼迫臨到耶路撒冷的信徒身上,以致他們「分散在猶太和撒瑪利亞各處」。而掃羅繼續「殘害教會,進各人的家,拉著男女下在監裏。」當時遭難的不止司提反一人。在危急之際,尼哥底母挺身而出,公然承認相信基督。他原是猶太公會的一位議員,曾受耶穌教訓的感動,又親睹祂奇妙的作為,心中確信這就是神所差來的救贖主。他曾在夜裏密訪耶穌,求問永生之道。但不敢公開接受主的救恩,乃將真理隱藏在心中達三年之久。不過在猶太公會中,他曾屢次阻撓祭司們殺害主的陰謀。及至基督被釘十字架後,他與亞利馬太的約瑟勇敢地站出來,負擔埋葬善後的費用。他以財富和勢力,保護門徒和教會。此時的尼哥底母,不再瞻前顧後,而是義無反顧地資助教會和推進福音的工作。雖然後來他也遭到迫害,失去屬世的財富,卻保持在信仰上屹立不移。

那臨到耶路撒冷教會的逼迫,給予福音工作極大的推動力。當時傳道工作獲有成果,門徒久留於此而忽略了救主吩咐他們往普天下去的使命。故此上帝容許逼迫臨到他們,信徒被迫離開耶

路撒冷，往各處去傳道，將信耶穌而得救的大喜信息傳給世人。當他們因逼迫而分散後，心中滿載熱誠地出去傳道，要將生命之糧——基督之愛與他人分享。主藉著他們行奇事，無論往哪裏去，病人得醫治，窮人得幫助。

七個執事中的腓利也被迫離開耶路撒冷，來到撒瑪利亞城，宣講基督。眾人聽見和看見他所行醫病趕鬼的神蹟，就同心合意地聽從他的話。基督早些時候曾在雅各井旁向撒瑪利亞的婦人講述生命之道，亦藉著她的見證，使城中多人歸信祂。門徒中有一些人逃到撒瑪利亞避難，撒瑪利亞人亦歡迎這群福音的信使。腓利在那裏的工作有了顯著的成效，引領眾多男女受洗歸主。他蒙天使指示向南走，下到往迦薩的路上去。在路上遇到一個埃提阿伯人，是個掌管銀庫大權的太監。這人剛從耶路撒冷禮拜完畢，在返家的車上，念先知以賽亞的書。

腓利蒙指引前去問他：「你所念的，你明白嗎？」太監說：「沒有人指教我，怎能明白呢？」於是請腓利上車，與他同坐，向他闡明救贖之道，傳講預言中所指耶穌的福音。腓利為他解釋經文後，他深受感動，願意接受上帝所賜的真光。二人再往前走，到了有水之處，太監要求受洗。腓利就吩咐車停下，二人下到水裏，為他施洗。「從水裏上來，主的靈把腓利提了去，太監也不再見他了，就歡歡喜喜的走路。後來有人在亞鎖都遇見腓利，他走遍那地方，在各城宣傳福音，直到該撒利亞。」

這個埃提阿伯人代表許多需要佈道士的人。他們閱讀聖經、渴望亮光、誠心禱告；正臨近天國的邊緣，等待有人領他們進去。昔日有天使指引腓利到追求真光之人那裏去，今日天使也必

指引願為主盡心的工作者，到需要之人那裏領人歸主。神不以天使去完成祂的工作，乃要人為自己的同胞工作。那交付首批門徒的委託，亦交給各世代的信徒。每一個領受真光的人，都要善用自己的才能，將福音傳授他人，引領罪人認識主的大愛。上帝教會的教友應當熱心善工，放棄屬世的野心，誠心地為需要幫助的人服務。救靈的工作不單靠傳道人或牧師去完成，乃是每一信徒都要蒙召作此工作。在主的葡萄園內，人人都要按照自己的能力為主工作。務要明白在講壇以外，還有許多偉大的工作須由千萬獻身的教友去完成。「這天國的福音，要傳遍天下，對萬民作見證，然後末期才來到。」（太24：14）

12 從迫害者變為門徒

「那從前逼迫我們的，現在傳揚他原先所殘害的真道。他們就為我的緣故，歸榮耀給上帝。」 （加1：23、24）

　　猶太領袖們因福音宣傳的成功而有所警覺，其中最突出的一位就是大數城的掃羅。他生為羅馬公民，但仍屬猶太人的血統，並曾在耶路撒冷最著名的拉比門下受教。拉比們認為他是一個極有前途的青年，希望栽培他成為熱心能幹、並維護古代信仰的人。掃羅在迫害司提反的事上擔任重要的角色，事成後即被擢升為猶太公會的議員，使他居於權勢之高位。在逼迫門徒時，他曾懷疑自己的作為是否正確。然而祭司和文士們說服他，相信如此行乃是鎮壓異端的最佳方法。在他嚴厲的逼迫下，許多聖徒被監禁，甚至處死。他的活動對剛組成的教會打擊甚大，許多人都往他處逃生，而這些逃離耶路撒冷的人，亦將福音帶到各處，向人傳講天國的信息。其中有一座名為大馬色的城市，有多人聽見福音而悔改信主。

　　祭司和官長們見此情形，覺得他們必須往其他城市進行同樣的嚴酷手段。掃羅自告奮勇地帶著祭司長的權令，前往大馬色進行捉拿信徒的工作。在行程中最後一天的晌午，將到美麗的城市大馬色的時候，忽然有光從天上發出，四面照著掃羅和同行的

人。這強烈輝煌的光,非肉眼所能承受。掃羅就雙目失明,心智昏迷,仆倒在地。又有聲音用希伯來話問他:「掃羅!掃羅!你為甚麼逼迫我?」掃羅說:「主啊,你是誰?」主說:「我就是你所逼迫的耶穌。」掃羅的同伴站在那裏,驚恐萬分,因他們只聽見聲音,卻看不見人。但掃羅知道說話的這位就是上帝的兒子,聖靈的亮光照入他黑暗的心竅中,顯明他的無知與錯誤。

此時掃羅想起司提反和他的講道,心中不禁百感交集,知道自己誤為撒但的工具。他看出耶穌的一生,從降世直到被釘、復活、和升天,都應驗了先知的預言,證明祂就是所應許的彌賽亞。他心中毫不懷疑地問:「主啊,你要我作甚麼?」主吩咐他:「起來,進城去,你所當作的事,必有人告訴你。」榮光消逝之後,掃羅完全失明,他知道這次失明乃是神對他逼迫基督徒的懲罰。他的同伴在驚恐中拉著他的手,領他進入大馬色城中。當初他意氣風發地誓言要阻止新的信仰在此發展,如今他雙目失明,一籌莫展,心中充滿了悔恨。他暫住門徒猶大的家裏,在孤寂和黑暗中充分反省和祈禱。

掃羅「三日不能看見,也不吃,也不喝。」他一次又一次地想起自己在司提反殉道上所犯的錯誤,以及迫害了多少無辜之人,不禁因自己的罪心靈劇痛,度日如年。信徒們知道他的來意,都故意遠離他,不肯予以同情。他在無助和絕望之中,以悲傷的心求告神。他對自己以往的蒙昧與偏見感到自責,如今他完全歸順聖靈的感召。他切望得到赦免和悅納,便謙卑地承認自己的不配,並祈求上帝的饒恕。

雖然主定意要掃羅成為「祂所揀選的器皿」,但沒有立即指

示他該作甚麼。祂遏止了掃羅的行程，使他覺悟自己的罪。然後等候教會的信徒與他聯絡，得知上帝對他的旨意。當掃羅獨自在猶大家裏懇切祈禱時，主在異象中指示大馬色的門徒亞拿尼亞前往幫助他。亞拿尼亞並不願意接受此任務，因他曾聽說掃羅迫害聖徒的一切行為。但主說：「你只管去；他是我所揀選的器皿，要在外邦人和君王並以色列人面前，宣揚我的名。」亞拿尼亞便服從天使的指示，進入猶大家裏，按手在掃羅身上說：「兄弟掃羅！在你來的路上，向你顯現的主，就是耶穌，打發我來，叫你能看見，又被聖靈充滿。」於是掃羅的眼睛好像有鱗掉下來，得以重見光明，於是就起來重新受洗。

　　這樣，基督就藉著教會裏祂所指定的代表，引領悔改的罪人走上生命之道。有許多人認為無須依賴教會或教友的帶領，單憑自己就可得永生，這並非神的旨意。耶穌固然是罪人的良友，但祂引領罪人到教會來，使教會成為祂傳達真光給世人的通道。在掃羅悔改的事上，亞拿尼亞代表基督，作祂在地上的使者。他代表基督摸掃羅的眼睛，使他能看見。他代表基督按手在掃羅身上。在奉耶穌的名為他禱告時，掃羅就領受了聖靈。由此可見，基督是泉源，教會是河水暢流的通道。福音的工作要藉著教會如此向前推進。

13 準備的時日

> 「我們從祂受了恩惠並使徒的職分,在萬國之中叫人為祂的名信服真道。」(羅1:5)

　　掃羅又名保羅,受洗之後就停止禁食,與大馬色的門徒同住了些日子。他「在各會堂裏宣傳耶穌,說祂是上帝的兒子。」並從預言搜得確實的論據,有力地傳講福音。保羅的悔改使猶太人大為驚異,不知所措。他原本帶著祭司長的權令前往大馬色逮捕和控告信徒,如今卻不斷地宣揚那被釘和復活之救主。過去保羅是多麼熱心的維護猶太宗教,並以逼迫耶穌門徒而聞名。他行事勇敢,思想獨立,口才清晰,和飽讀經書。他的才幹和訓練使他能夠勝任任何工作。但悔改後的保羅,竟與從前所逼迫的人一起奉主名放膽傳道。

　　一員大將戰死沙場,雖然是個損失,但不致增加敵方的力量。然而一名大將若投效敵營,不單失去他的貢獻,而且增添了對方的實力。上帝不讓保羅受擊打而死,乃要使他悔改,成為基督陣營中的主將。保羅是頗有口才的演說家,又是嚴格的評論家,正是早期教會所需要的領袖。他的宣講常以預言為證,使人無法辯駁。但有許多人拒絕接受他的信息,而反對他的勢力也愈演愈烈。於是天使吩咐他暫且離開大馬色。他就往亞拉伯去,在

那裏找到安全的隱居之所。

保羅在亞拉伯的荒野，有充分的機會從事安靜的默想和研究。他可在此心平氣和地回顧過往，作切實悔改的功夫。他便從心中除去以往的偏見和遺傳，重向生命的泉源領受教誨。耶穌與他交通，堅固他的信心，並賜他豐富的智慧和恩典。當人的心意得與神的心意相通時，這人的身、心、靈各方面都將受到無可估量的影響。

當日亞拿尼亞去見保羅，使他重見光明時，在聖靈的感動之下對他說：「我們祖宗的上帝，揀選了你，叫你明白祂的旨意，又得見那義者，聽祂口中所出的聲音。因為你要將所看見的、所聽見的、對著萬人為祂作見證。現在你為甚麼耽延呢？起來，求告祂的名受洗，洗去你的罪。」（徒22：14－16）耶穌在大馬色的路上亦親自告訴保羅：「我特意向你顯現，要派你作執事作見證，將你所看見的事，和我將要指示你的事，證明出來。……我差你到他們那裏去，要叫他們的眼睛得開，從黑暗中歸向光明，從撒但權下歸向上帝。」（徒26：16、18）保羅反覆思想這些事，就清楚地明白自己蒙召的意義，乃是要奉上帝旨意作基督的使徒。

當保羅用心查考聖經時，就看出歷代以來蒙召而有智慧、能力、和尊貴的都不多。「上帝卻揀選了世上愚拙的，叫有智慧的羞愧；又揀選了世上軟弱的，叫那強壯的羞愧；上帝也揀選了世上卑賤的，被人厭惡的，以及那無有的，為要廢掉那有的；使一切有血氣的，在上帝面前一個也不能自誇。」（林前1：26－29）保羅在以後的一生中，一直不忘他智慧和能力的來源。他

說：「我也將萬事當作有損的，因我以認識我主基督耶穌為至寶。我為祂已經丟棄萬事，看作糞土，為要得著基督。」（腓3：8）此時，保羅又回到大馬色，奉主名放膽傳道。猶太人商議要殺害他，他們就日夜緊守城門，欲斷絕他逃生之路。門徒們懇切地求告神，最後用筐子在夜間把他從城牆上縋下去，逃過逼害的魔掌。

逃出大馬色之後，保羅回到耶路撒冷去。自他悔改至今約有三年之久，他想與門徒結交為友，但門徒們難以相信一個殘害信徒的法利賽人，竟能作主忠實的信徒。惟有巴拿巴接待他，領保羅去見使徒，將他的經歷告訴眾人。於是門徒便接納他成為其中一員。保羅渴望引領猶太領袖們認識真理，就積極地向他們傳道。但他們卻不肯相信，反而想要殺他。天使向保羅顯現，要他離開耶路撒冷，免得遭害。在保羅看來，逃跑是怯懦的行為。為使這些猶太人歸信基督的福音，他願意捨棄性命，亦希望藉此彌補陷害司提反之錯誤。但上帝的旨意並非讓祂的僕人無故冒性命的危險，因此天上的使者說：「你去吧！我要差你遠遠的往外邦人那裏去。」教會的弟兄們就送他到該撒利亞，打發他往大數去。保羅的離去暫時平息了猶太人反對的情緒，教會亦得到平安，信徒人數就隨之增加。

14 真理的追求者

> 「又要將祂豐盛的榮耀彰顯在那蒙憐憫、早預備得榮耀的器皿上。這器皿就是我們被上帝所召的，不但是從猶太人中，也是從外邦人中。這有甚麼不可呢？」（羅9：23、24）

使徒彼得在訪問呂大的信徒時，醫好了一位臥病八年的癱子以尼雅。凡住在呂大和沙崙的人，看見他得醫治就歸服主。在離呂大不遠的約帕，有一名叫多加的婦人患病而死。她的一生充滿了仁慈的行為，不但運用口舌，更是使用她靈巧的手，積極慷慨地為窮苦的人服務。她的病逝使約帕教會深為惋惜。他們既聽說使徒彼得在呂大，就派人去請他速來約帕。彼得到達之後，便有人領他上樓；看見眾寡婦在房內一同哀哭，她們拿多加生前所縫製的衣服給他看。彼得甚同情她們的悲傷，便吩咐她們離開那房間，自己跪下懇求上帝讓多加恢復生命和健康。然後轉身對死人說：「大比大，起來！」多加果然就睜開眼睛，重得生命。上帝知道她過去對教會貢獻良多，因此使她復生，再為他人造福；同時也使教會見證上帝的大能而信心得增強。

哥尼流是一位羅馬軍營的百夫長，當時也居住在約帕。這人出身高貴，身負重任，並且擁有財富。雖然生為異教人，但因與

猶太人多有接觸，就得以認識並敬拜上帝。他時常行善濟貧，生活廉潔，不論在猶太人或外邦人中都享有好名聲。聖經記載著：「他是個虔誠人，他和全家都敬畏上帝，多多賙濟百姓，常常禱告上帝。」哥尼流相信預言，並仰望彌賽亞的來臨，但尚未聽過基督的福音。他不是猶太教的教徒，所以拉比們視他為不潔淨的異教徒。但神要揀選他，直接傳給他天上的信息。

天使在哥尼流祈禱時向他顯現，吩咐他說：「你的禱告和賙濟，達到上帝面前已蒙記念了。現在你當打發人往約帕去，請那稱呼彼得的西門來；他住在海邊一個硝皮匠西門的家裏。」在此上帝表明重視傳福音的職分和教會。祂並沒有差遣天使向哥尼流傳講基督的事蹟，卻要揀選人作祂的代表，成為傳送真理之光的工具。哥尼流歡喜地順從這異象，即派人去約帕找彼得。

那位天使訪問哥尼流之後，便到彼得那裏。當時彼得正在寓所的房頂上禱告。主賜他一異象，彼得「看見天開了，有一物降下，好像一塊大布，繫著四角，縋在地上；裏面有地上各樣四足的走獸和昆蟲，並天上的飛鳥。」又有聲音叫他將這些東西宰了吃，彼得卻說：「主啊，這是不可的；凡俗物和不潔淨的物，我從來沒有吃過。」第二次有聲音說：「上帝所潔淨的，你不可當作俗物。」這情形一連發生三次，就都收回天上去了。神藉著這個異象啟示彼得—外邦人也能在基督裏得蒙救恩。一直以來，門徒的工作只限於猶太人，主要教導彼得明白恩典之門要向外邦人打開，福音要傳遍全世界。所有接受福音的外邦人，毋需行猶太人的割禮，便能享有平等的地位。

時候已到，基督的教會將要進入全新的局面。神要彼得摒

棄心中的偏見，確實的明白在上帝看來，猶太人和外邦人同樣寶貴，而且要同享福音的恩惠和特權。彼得正在思考這異象的意義時，哥尼流所差派的人來到房外找他。聖靈對他說：「起來，下去，不要疑惑；因為是我差他們來。」彼得心中雖不願意，但不敢違命。次日便帶著六位弟兄一同前去該撒利亞，他要這些弟兄為此行作見證，因他知道向外邦人傳道必受到譴責。

當彼得走進哥尼流家時，受到哥尼流的跪拜和高度的尊重。他請了所有的親朋好友，一起聆聽福音的傳講。於是彼得說：「我真看出上帝是不偏待人；原來各國中，那敬畏主行義的人，都為主所悅納。」然後就向他們傳講基督一生，以及祂被釘、復活、和升天的事蹟。忽然聖靈降在一切聽道的人身上，聖靈的恩賜也澆灌在外邦人身上，使他們能說方言，讚美上帝。與彼得同來的弟兄們，對此甚感稀奇。彼得就奉耶穌基督的名為他們施洗。哥尼流和他全家的悔改，開啟了福音在異邦的工作，成為福音初熟的果子。

今日上帝亦在上流社會中尋找像哥尼流的人，在悔改歸主後，成為祂手中的器皿，將真理傳給他人。這些有學識、有勢力的人，必能奉獻光陰和金錢推進聖工，使教會得益。主在黑暗的世界裏有許多珍寶，祂要我們作忠心的擎光者，將基督的愛傳給他們。

猶太地的眾弟兄對彼得到外邦人家裏傳道，頗為不悅，甚至嚴厲地指責他。於是彼得上耶路撒冷，將異象和事情的經過詳細地向他們陳述，並勸導門徒不可看外邦人為不潔淨。最後他說：「上帝既然給他們恩賜，像在我們信主耶穌基督的時候，給了我

們一樣;我是誰,能攔阻上帝呢?」弟兄們聽了此番說明後,確信這一切乃神的旨意,便歸榮耀與上帝,又說:「這樣看來,上帝也賜恩給外邦人,叫他們悔改得生命了。」此後教會除去偏見,開啟了傳福音到外邦的道路。

15 蒙救出監

「所以，那照上帝旨意受苦的人要一心為善，將自己靈魂交與那信實的造化之主。」（彼前4：19）

當時猶太政權操於希律亞基帕手中，他隸屬羅馬皇帝喀勞狄，是加利利分封的王。為博取猶太人的歡心，他表面上非常熱心履行猶太律法的禮儀，並自稱信奉猶太教。他依從猶太人的要求，著手迫害基督的教會，破壞信徒的房產，並將教會領袖關入監獄裏。他用刀殺死約翰的哥哥雅各，使信徒們大為憂傷，惶恐不已。在逾越節時，希律又將彼得監禁起來。有些人埋怨希律不該祕密殺死雅各，因此希律有意公開執行彼得的處決。但亦有人怕如此行會引起反效果，激起民眾的同情心。當教會得知彼得處死的日期延至逾越節之後，就為他懇切地禁食禱告。他們的禱告必上達天庭，蒙神應允。

希律記得使徒曾從監獄逃脫的事，所以更加強警戒，安置了十六個兵丁，日夜輪班的看守。在囚房裏彼得的鎖鍊，更是牢扣在一個兵丁的手腕上。他若移動，看守的士兵必會知道。就此看來，一切逃脫的機會都已斷絕。但是人的絕望卻是上帝的機會。儘管監門牢鎖，警衛極為森嚴，上帝仍將施展大能，營救祂的僕人。

事情發生在彼得將被處死的前一夜。一位大能的天使通過堅固的牢門，進入監房。這時彼得正安然熟睡著，並未被天使的榮光所驚醒。直到天使叫醒他，在朦朧之中感覺鐵鍊脫落了。天使吩咐他束上帶子和穿上鞋，然後帶領他穿過三道鐵門，離開監獄。在毫無阻力之下，天上的使者完成了搭救彼得的任務。忽然榮光消逝，天使也不見了，彼得這才清醒過來，知道自己已得釋放。於是立刻到弟兄們聚集的地方去，那時他們正在為他懇切禱告。

彼得在外敲門，有一個名叫羅大的使女，出來應門。聽見是彼得的聲音，顧不得開門就跑進去告訴眾人。他們原不敢相信使女的話，在彼得不住的敲門後，才開門讓他進去。彼得將獲救的經過告訴他們，眾信徒就為此稱謝神，因祂垂聽了他們的禱告。然後彼得又前往別處去。到了早晨，有大群人集合要觀看彼得被處死刑。當希律派人將彼得提審時，看守監門的兵丁才驟然發現彼得不見了。看到四圍的鐵門依然深鎖，鐵鍊仍扣在士兵的手腕上，看守的士兵還是守住每一道監門，可是囚犯卻不見了。希律聽到這消息，不禁發怒如狂，並下令將守衛的士兵們處死。

彼得被救出監牢不久後，希律下到該撒利亞去。為要博取眾人的稱讚和尊敬，他大擺筵席，宴請各方賓客。希律穿著金銀色的華麗外袍，大張聲勢地出現，而且發表致辭。人們都陶醉在他的巧言令色之中，竟把他當作神明般敬拜。眾人呼喊說：「這是神的聲音，不是人的聲音。」希律不禁心花怒放，趾高氣昂，得意忘形。但是忽然間他形色大變，渾身慘痛，面如死灰的站在那裏。那位奉命拯救彼得的天使，亦成了為希律帶來忿怒和刑罰的

使者。希律遂在上帝報應的責罰下，身心遭受極大的慘痛而死。在此顯示神對義人和惡人賞罰分明；義人必蒙救脫離險境，而惡人必遭罰滅亡。這消息就傳遍各地，使更多人相信基督是真神。

今日正與使徒時代一樣，天上的使者經常往返於天地之間。我們雖然無法親眼看見他們，但天使確實與我們同在，一直保護神的子民，傳達受難之人的祈求，安慰傷心的人，引領人心歸向基督。「耶和華的使者在敬畏祂的人四圍安營，搭救他們。」（詩34：7）天使的工作乃是要不孜不倦地替人類效力。他們代表神就近受磨練、遭苦難、被試探的人。天上所有的天使都在為上帝的子民服務。凡相信並承受上帝應許之人，都有光明的天使在左右陪伴著；「奉差遣為那將要承受救恩的人效力。」（來1：14）

16 福音傳到安提阿

「上帝能照著運行在我們心裏的大力，充充足足地成就一切，超過我們所求所想的。」（弗3：20）

　　眾信徒因逼迫逃離耶路撒冷之後，福音迅速傳到帕勒斯廳境外。有一些門徒到腓尼基、居比路、和安提阿，向希伯來人和說希臘話的猶太人傳道。當時敘利亞的首府安提阿是個歡迎福音的地方。環境幽雅的安提阿，是經濟、文化、和美術的中心。在這裏居住了許多不同國籍的人，經營著各種商業。它擁有許多休閒的遊樂勝地，而且是個奢侈和充滿罪惡的城市。有一些來自居比路和古利奈的門徒，來此公開傳講福音，引領多人信主。消息傳回耶路撒冷的教會，他們就打發巴拿巴到安提阿去。當巴拿巴看見神在那裏所完成的工作，「就歡喜，勸勉眾人，立定心志，恆久靠主。」

　　巴拿巴在安提阿的工作大蒙上帝賜福，信徒的人數迅速增加，使他覺得需要找一個助手。因此就前往大數找保羅，勸他來此一起從事傳道的工作。保羅的學識、智慧、和熱忱，在這繁榮的城市中發揮了極大的感化力。這兩位使徒忠心地共同傳道有一年之久，引領眾多的人信主得救。因為他們在安提阿以基督為傳道的主題，不住地述說祂在世上的事蹟，所以安提阿的人稱他們

為「基督徒」。這是給予一切與基督聯合之人的一個尊貴名稱。他們學習依靠聖靈的能力，在各人的生活崗位上，每天為基督作真實的見證。

安提阿的基督徒所留下的榜樣，應當鼓勵現今住在各大都市中的信徒。上帝固然要揀選那些獻身而有才幹的人去主領大規模的佈道會，祂亦要呼召每一位教友，運用各樣的恩賜作個人的工作。上帝在地上的聖工正需要真理的活代表，祂不單呼召傳道人，也要呼召醫生、護士、教師、和各行各業的人，作明白聖經和願意獻身的平信徒，貢獻一己之長，推進聖工。

保羅藉著與巴拿巴在安提阿的工作，更加確信主呼召他進入外邦人的世界佈道。上帝在準備他進行這項廣泛而艱鉅的工作上，使他與主密切聯合。保羅說：「我本來比眾聖徒中最小的還小，然而祂還賜我這恩典，叫我把基督那測不透的豐富傳給外邦人；又使眾人都明白，這歷代以來隱藏在創造萬物之上帝裏的奧祕，是如何安排的。」（弗3：8、9）

留在安提阿事奉的那一年，上帝豐盛地賜福他們的工作。但那時保羅和巴拿巴尚未正式被任命為福音的執事。如今他們的基督徒經驗達到新的階段，於是當他們和教會中的幾位教友一起禁食禱告時，聖靈說：「要為我分派巴拿巴和掃羅，去作我召他們所作的工。」如此，教會就按手在他們頭上，授予他們全職作牧師的工作。不僅要教導真理，也要施行洗禮，和組織教會。這時的教會正步入新紀元，教會因人數增加而擴大。在外邦人中的福音工作將要受到大力推展，而身為領導的使徒們亦要面對各種困難與挑戰。神指示教會公開地將他們分別為聖，承認他們受了上

帝的委託，擔任傳道的工作。按手禮本身是一種認可儀式，並不加添任何恩賜或資格。猶太人常實行這禮儀，例如父親為兒女祝福時，將雙手按在他們頭上；或是獻祭時，祭司按手在祭物上，都具有特殊意義。所以安提阿教會按手在保羅和巴拿巴的頭上，亦是祈求神賜福給他們和所指派的事奉。

上帝使地上的教會成為傳揚真光的媒介，依照祂的美意推動聖工。但在教會中不免有一些偏向個人主義者，過分信賴自己而不尊重其他弟兄，將自己陷入撒但的迷惑而跌倒。上帝安排信徒在教會中互相聯合，順服聖靈的教導，有組織、有紀律地傳揚福音。保羅以這次的按手禮，作為其一生工作重要的新開始，也是他在基督教會中成為使徒之一的開端。

同時，在耶路撒冷使徒中的彼得、雅各、和約翰，留在本國向自己的同胞傳道。旅居各地的猶太人，每逢重大節期都到耶路撒冷參加朝拜。使徒便向他們傳講基督，藉此引領多人悔改信主。而這些人回家後，便將真理的種子傳播到各國各地去。福音因此得以宣揚。

17 福音的先驅

「我照上帝為你們所賜我的職分作了教會的執事,要把上帝的道理傳得全備。上帝願意叫他們知道,這奧祕在外邦人中有何等豐盛的榮耀。」（西1:25、27）

　　保羅和巴拿巴在接受安提阿教會弟兄的按手之後,既被聖靈差遣,坐船往居比路去,開始了他們首次的佈道行程。巴拿巴原是出生在居比路,這次同行的還有他的親戚馬可約翰。馬可的母親是一位熱心的基督徒,她在耶路撒冷的家乃是門徒安身避難之處。馬可心中得主恩眷,渴望獻身從事傳福音的工作,因此請求與他們一道同去。

　　他們一行三人到了撒拉米,就在猶太人的各會堂裏講道。在帕弗遇見一個行法術冒充先知的猶太人,名叫巴耶穌（又名以呂馬）。這人常與名叫士求保羅的方伯在一起。士求保羅邀請了巴拿巴和掃羅來,要聆聽他們講述上帝的道。這時,撒但藉著行法術的以呂馬敵擋使徒,阻撓方伯信道。保羅被聖靈充滿,毫不畏懼的譴責他說:「你混亂主的正道還不止住嗎?現在主的手加在你身上,你要瞎眼,暫且不見日光!」當下他即刻雙目失明,四處摸索。方伯看見此事,就信了主道。以呂馬並沒有受過教育,所以容易被撒但利用,成為欺騙人的工具。凡作基督使者的人,

應存敬畏神的心，倚賴祂的大能抵擋魔鬼的攻擊。

保羅和二位同伴繼續辛勞的旅程，來到旁非利亞的別加。在行程中經過大小城鎮，遭遇各種困境和危險。此時的保羅和巴拿巴已學會全心信靠神，並因有尋找失喪迷羊之心，便能忘我地熱心前進。但是馬可卻被懼怕和失望所勝，獻身的意志開始動搖，在此地決定轉回耶路撒冷去。保羅對馬可的半途而廢甚不諒解，但巴拿巴則認為馬可只是缺乏歷鍊，假以時日及栽培，必可成為主內有用的工人。後來在神的帶領和巴拿巴的耐心訓練之下，馬可再次獻身傳道，到艱難的地區傳福音。保羅亦重新接受他為同工，向歌羅西人推薦馬可。

保羅和巴拿巴來到彼西底的安提阿，在安息日進了猶太人的會堂敬拜。管會堂的人邀請他們講道，於是保羅就站起來，發表了一篇動人的講論。他引用歷史和先知的預言，指出彌賽亞已經降臨，並且為罪受死之後得復活。保羅明白地向眾人傳講福音，使人心受到感動和感悟。離開會堂時，眾人請他們下安息日再來講道。果然，到了下安息日，合城的人幾乎都聚集在會堂裏聆聽主道。猶太人見此就生起嫉妒之心，意圖反駁和毀謗保羅所說的話。「保羅和巴拿巴放膽說：上帝的道先講給你們原是應當的；只因你們棄絕這道，斷定自己不配得永生，我們就轉向外邦人去。」外邦人聽見這話，就滿心歡喜地接受福音；並熱切地將這信息傳給別人，於是主的道傳遍了那一帶地方。

雖然這兩位使徒轉向外邦人傳道，但只要有機會，仍不斷為猶太人作工。在帖撒羅尼迦、哥林多、以弗所等重要的城市，總是向猶太人，也向外邦人傳福音。保羅一直致力於高舉基督、傳

揚真理的事奉上。他強調猶太人和外邦人一樣，都可以在基督耶穌——這塊「磐石」上建立堅固的信心。

當福音在彼西底熱烈的推展時，安提阿的猶太人，挑唆一群虔誠尊貴的婦女和有名望的人，逼迫保羅和巴拿巴，將他們趕出境外。使徒們並不因此灰心喪志，反以能為基督的名受苦為榮。他們離開後，在那裏的信徒「滿心喜樂，又被聖靈充滿」地繼續推進聖工。

18 在異邦人中傳道

「我們傳揚祂,是用諸般的智慧,勸戒各人,教導各人,要把各人在基督裏完完全全的引到上帝面前。」（西1：28）

　　保羅和巴拿巴到以哥念,先在本族人的會堂裏工作,獲得顯著的成功。但也有許多不信的猶太人,挑唆外邦人,引起弟兄之間的不和。雖然如此,使徒們「倚靠主放膽講道」;上帝也「藉著他們的手,施行神蹟奇事,證明祂的恩道。」因此悔改信主的人數大為增多。使徒們因傳講信息而聲望日隆,那些不信的猶太人就充滿了嫉妒和仇恨,並決心制止他們的工作。這些人捏造謊言,聲稱他們有圖謀不軌和引發暴亂之嫌。使徒們屢次被傳喚到當局面前,但他們所作的辯護都是有力而合理的,使政府官員不敢定他們的罪。雖然遭受反對,卻使更多人接受這新的信仰。於是城裏的人分成兩黨,有附從猶太人的,有附從使徒的。猶太人的領袖就煽動無知的暴徒,造成騷亂,然後企圖誣告使徒,利用暴徒出面以石頭打死他們。

　　這時有幾位贊助他們的非信徒,將猶太人的陰謀透露給他們,並勸他們速速離開,不要作無謂的犧牲。於是保羅和巴拿巴祕密地暫時離開以哥念,由當地信徒自行維持聖工。上帝的信使在每一時代和地方,都會遭遇福音仇敵的反對和陷害。雖然表面

上是關閉了工作的門路，但神必會為他們開啟其他的門路，繼續成就福音的進展。

保羅和巴拿巴前去呂高尼的路司得和特庇，這兩個城中居住的多是迷信異教的人。路司得城沒有猶太人的會堂，他們都是在異神的廟中敬拜。使徒來到城裏，召集當地的居民，向他們傳講真理。許多人將這些道理與自己拜丟斯的邪教連結在一起。保羅和巴拿巴就以自然界顯示上帝奇妙的作為，引導這些異教徒用心思考宇宙主宰的大能；又以耶穌的生平、受難、復活、升天、和在天國作中保等事，詳細地為他們傳講福音。

有一次保羅正講及基督從事醫病的工作，看到聽眾裏有一個瘸子，這人相信並領受福音。保羅就當著這些敬拜偶像的群眾，吩咐瘸子站起來。他立即聽從保羅的吩咐，隨著信心的力量「跳起來而且行走」在他們中間。眾人看見此事，就以為使徒是神明。他們稱巴拿巴為諸神之父「丟斯」，又稱保羅為擅於說話的「希耳米」。於是又叫丟斯的祭司「牽著牛、拿著花圈、來到門前，要同眾人向使徒獻祭。」使徒在住處聽到外面群眾的歡呼聲，得知他們的來意，便竭力否認自己是神明。但路司得的居民親睹使徒所行的奇蹟，堅稱他們是神明。保羅經過多方勸說和詳細的解釋，才勉強勸阻群眾的參拜。

隨後有些猶太人從安提阿和以哥念來到路司得，散佈謠言和惡意毀謗使徒的工作。群眾因為先前保羅和巴拿巴拒絕接受獻祭而失望，如今竟將狂熱轉過來反對他們。於是下手捉拿保羅，殘酷無情地用石頭打他，致使他不省人事，仆倒在地。眾人以為他死了，就將他拖到城外棄屍。此時有一群忠貞的信徒，不顧一切

的圍聚在保羅身邊為他哀慟。但出乎他們的意料，保羅忽然抬頭站起來，並高聲頌讚上帝。信徒們便以無比的喜樂和信心讚美真神。其中有一名叫提摩太的青年，親眼目睹這一切經過，將來亦獻身成為基督福音的傑出工人。

第二天，兩位使徒便動身往特庇去，在那裏蒙神賜福，引領多人接受基督為救主。此後他們認為必須回到以前去過的地方，堅固信徒的信心。於是冒著危險，回到路司得、以哥念、和安提阿去，勸勉他們持守所信的道。在呂高尼和彼西底一帶凡有信徒的地方，都正式組織了教會，而且選派職員，設定秩序和規律，處理一切信徒屬靈生活的事宜。保羅一直沒有忘記如此設立和關懷各教會，無論教會多小，他仍用心看守照顧，使教友在真道上站立得穩。保羅和巴拿巴在一切的傳道工作上，竭力效法基督犧牲和努力救人的榜樣，本著奉獻的熱誠為福音播種耕耘。他們用心訓練新的信徒，為福音的工作接棒，使在異邦的傳道得到成功的果效。

第一次的佈道行程就此告一段落。兩位使徒將新成立的教會交託主，然後前往別加傳道，又從亞大利坐船往安提阿去。

19 猶太人與外邦人

「並不分猶太人、希臘人、自主的、為奴的，或男或女，因為你們在基督耶穌裏都成為一了。受割禮不受割禮，都無關緊要，要緊的就是作新造的人。」（加3：28，6：15）

　　保羅和巴拿巴奉派到敘利亞的安提阿傳道，向他們述說上帝怎樣為外邦人開啟信道之門。安提阿教會人數眾多，大有進展。它既是佈道工作的中心，又是最重要的基督徒團體。教友中含有社會各階層的人士，包括猶太人和外邦人。正當使徒與安提阿教會致力於發展聖工之際，有幾個從猶太地下來的猶太信徒，向弟兄們提出必須受割禮，否則不能得救的要求。這問題在教會中引發廣泛的爭議，並使外邦信徒大為惶恐。保羅和巴拿巴立即反對此項建議，但有許多信主的猶太人，反倒贊成這論點。

　　猶太人一向以上帝所命定的禮節自傲，許多已經悔改相信基督的猶太人，依然想將猶太人的律法和禮儀併入基督教之中。他們仍不明白基督在十字架上的犧牲，已全然的實現了獻祭的預表，從此不再需要這些繁文褥節了。當時外邦信徒的數目明顯地超過猶太信徒，猶太人惟恐如此發展下去，會使他們獨特的選民象徵逐漸消失，因此覺得應該要求外邦信徒遵守猶太人的一切律法。

保羅從前也持有同樣的看法，但自從真心悔改之後，就清楚地接受基督為全人類的救贖主，並無猶太人和外邦人之分。這些禮儀所預指之事既已實現，就無須繼續遵守。至於十誡乃是上帝不變的律法，他仍主張必須謹守誡命。經過許多辯論和紛爭，安提阿教會決定差派保羅、巴拿巴、和幾位代表一起往耶路撒冷去，將這事交給全體大會作最後決定。他們在往耶路撒冷去的路上，訪問了沿途所經城市中的信徒，以福音工作的經驗和外邦人的悔改鼓勵他們。

到了耶路撒冷後，他們向全體大會提出這問題，引起大家熱烈的討論。此外他們也研討食用祭偶像之物、飲食的習慣、以及淫亂等問題。有許多外邦信徒是住在拜偶像的人中間，異教的祭司們常將祭物作為商品販賣。猶太人惟恐他們購買食用祭偶像之物，不但使教會名譽受損，而且亦助長拜偶像之風。再者，猶太人一向視血為不潔淨；他們宰殺牲畜時，一定將血放盡之後，才能食用。而外邦人則習慣將祭牲所流的血留作食用，與猶太人的習俗相抵觸。外邦人，尤其是希臘人，生活是非常荒淫的。信徒中也有一些不是真心悔改的外邦信徒未放棄其邪惡的行為。所以猶太人認為當以割禮和儀文的律法，作為他們獻身的考驗。

經過多時的辯論，彼得站起來，向會眾述說上帝所賜給他關於不潔淨之物的異象。又提到他在哥尼流家裏親眼目睹聖靈沛降在外邦人和猶太人身上，他熱誠而有力的說：「知道人心的上帝，也為他們作了見證；賜聖靈給他們，正如給我們一樣；又藉著信潔淨了他們的心，並不分他們我們。現在為甚麼試探上帝，要把我們祖宗和我們所不能負的軛，放在門徒的頸項上呢？」於

是眾人就靜默專心聽取保羅和巴拿巴述説他們在外邦人中的見證。隨後，擔任大會主席的雅各作出最後決定：「不可難為那歸服上帝的外邦人；只要寫信，吩咐他們禁戒偶像的污穢和姦淫，並勒死的牲畜和血。這幾件事你們若能禁戒不犯就好了。」大家差派保羅、巴拿巴、猶大、和西拉四人帶這書信到安提阿去，止息一切爭論。

當時在耶路撒冷開會的是由那些有功建設教會的使徒和教師，以及各教會選派的代表所組成。耶路撒冷的長老和安提阿的代表也都出席參加會議。這決定並沒有經過全體信徒表決，乃是由使徒和長老們擬定宣言發送給大家，各教會就接受了這宣言。其中還是有另一派弟兄仍然執意遵守儀文律法；許多猶太人，甚至門徒都對保羅不滿，認為他對猶太律法的遵守不夠嚴謹。

這四位特使到達安提阿，將大會的決定帶給他們，安定了外邦信徒的心，使聖工更加興旺。他們逗留了一些時日，勸勉和堅固眾人。後來彼得亦到安提阿訪問，他對待外邦信徒的開明作風甚得眾人信服。及至有些維護律法的猶太人從耶路撒冷到來時，彼得和幾個猶太信徒，甚至巴拿巴也一起假裝與外邦人隔離，想要兩面討好。保羅對此十分不以為然，就當面質問和指責彼得。身為使徒領袖的彼得，經過多年的服事，仍然軟弱犯錯，就顯出人實在沒有值得自誇之處。對於一切肩負重任的人，主教訓他們不可犧牲正義，倚靠自己。彼得看出自己所犯的錯誤，立即著手補救；但這記錄要一直保留，證明他並不比其他使徒高出一等，亦不是羅馬天主教會所主張的擔任教會元首。

保羅在傳道工作上，一直與天上的能力保持活潑的連繫。他

曾直接領受神的福音真理，盡心盡力地為主服務。他認為教會決不可受人控制，福音亦不可因人為的成見或喜好而受左右。於是他採取堅定不移的立場，使教會擺脫猶太人的禮儀。保羅在遇到需要商議的問題時，總是樂於將問題提交教會，並與弟兄們聯合一致向上帝尋求智慧，作出適當的決議。

20 高舉十字架

「但我斷不以別的誇口,只誇我們主耶穌基督的十字架;因這十字架,就我而論,世界已經釘在十字架上;就世界而論,我已經釘在十字架上。」（加6：14）

保羅在安提阿工作一段時期,便建議巴拿巴一同前往從前傳道的各城,探望信徒們景況如何。這兩位使徒總是念念不忘鼓勵新生的信徒堅守信仰,幫助他們全心全意地獻身為主使用,努力推進聖工。巴拿巴樂意和保羅同行,但他希望帶重新獻身傳道的馬可前去。保羅因不能諒解馬可先前離棄工作而不同意此事,他認為缺乏毅力的人不能參加這需要忍耐、克己、犧牲的工作。兩人為這事發生爭執,就彼此分開了。於是巴拿巴帶著馬可,坐船往居比路去;保羅則揀選了西拉,前往敘利亞和基利家一帶,堅固眾教會。

最後保羅和西拉來到呂高尼省的特庇和路司得。從前保羅曾在路司得遭人用石頭痛打,險些遇難。如今他急欲知道那裏的信徒是否經得起考驗。結果不負他所望,路司得的信徒在劇烈的反對之下,仍舊堅固不移。在這裏保羅遇到年輕而願意獻身的提摩太。他曾目睹保羅在此遭人毒打,留下深刻的印象。雖然同伴西拉是一位幹練的工人,並賦有預言之靈的恩賜;但保羅知道這福

音的工作，仍需訓練更多人加入工作的行列。他看出提摩太樂意受教、不畏艱辛、能體會傳道人工作的神聖性質，因此對他的家世與品格先作調查，然後決定是否訓練他從事傳道的工作。

提摩太的父親是希臘人，母親是猶太人。他自幼受母親和外祖母的教導，明白聖經，並保守他的言行不受邪惡的環境所影響。保羅看出他的忠實、堅定、和真誠，就揀選他為工作和旅行的同伴。提摩太當時雖然年輕，但幼年的教育已奠定了他的人生原則，能以謙卑的精神負起重任。此時保羅要求他接受割禮；雖然他們相信割禮並不能影響得救的福音，但力求排除一切可成為他人反對的話柄，不致影響聖工的推進。保羅十分疼愛提摩太，待他有如自己的兒子一般，悉心教導和訓練。雖然沒有甚麼特別的才幹，提摩太卻在生活上忠心學習與實行聖經的教訓，盡力為主服務，因此他深具感化力。凡致力救靈工作的人，都須認識他們所從事的乃是高尚而神聖的事業。他們要以「得人」為工作的酬勞，每日緊握主手，領受恩典和能力。

保羅和他的同伴先訪問了彼西底及附近一帶的教會。「他們經過各城，把耶路撒冷使徒和長老所定的規條，交給門徒遵守。於是眾教會信心越發堅固，人數天天增加。」保羅時刻掛念因他的工作而悔改歸主的人，他知道單憑講道，並不足以讓信徒明白如何宣揚生命之道；必須不停地細心耕耘，一點一滴的教導，才能使聖工向前邁進。真理若不經實踐和傳授，就必喪失它賜生命的力量和醫治的功能。因此保羅利用講道及書信勸勉眾教會。

每一個真實的傳道人，都應為信徒靈性的增長，感到負有重大的責任。當以誠懇之心不倦地激勵眾信徒為基督救靈。隨後

他們三人又進入弗呂家和加拉太一帶宣講福音。加拉太人原沉溺於敬拜偶像，但在使徒向他們傳道之後，開始認識天父上帝的大愛。保羅以端正的生活立下榜樣，使人認明他是跟從耶穌的。

他在外邦人中高舉耶穌的十字架為罪人得救的唯一希望，絕不高抬自己，不貪權柄，不求地位。這位使徒教導眾人仰望基督的十字架，作為得救的保證；藉著十字架綻放的慈愛光輝，蒙赦免得喜樂。

今日教導上帝聖言的人，若能時刻高舉基督的十字架，必使傳道的工作更有成效。我們要像保羅一樣地說：「我斷不以別的誇口，只誇我們主耶穌基督的十字架。」（加6：14）當髑髏地的光輝照耀我們時，就能將這光照亮黑暗中的人。

21 在自己「以外的地方」

「因為你們蒙恩，不但得以信服基督，並要為祂受苦。」

（腓1：29）

時候已到，福音必須傳到小亞細亞境外。保羅和同工們準備好渡海到歐洲去。在近地中海的特羅亞，保羅在夜間得見異象，有一個馬其頓人向他說：請你來馬其頓幫助我們。於是偕同西拉、提摩太、和路加隨即動身從特羅亞開船，一直行到撒摩特喇，第二天到了尼亞波利，再到腓立比；這是馬其頓的第一座城，是屬羅馬所駐守的地方。

在安息日，他們出城門，到了河邊的一個禱告的地方，向在那裏聚會的婦女講道。有一個販賣紫色布疋的婦人，名叫呂底亞，是虔誠拜主的推雅推喇城人。她欣然接受真理，並闔家悔改受洗歸主，又熱情地挽留使徒住在她家裏。

當使徒們正要出去傳道時，有一個被鬼附的婦人跟著，並喊說：「這些人是至高上帝的僕人，對你們傳說救人的道。」她一連多日如此跟隨他們，造成極大的困擾，不但使眾人分心，更讓人誤以為使徒也是同出於撒但的靈。保羅就奉耶穌的名吩咐邪靈離開她，使她立時安靜下來恢復理智。她的主人看見她不再行法術和占卜，失去靠她賺錢得利的指望，就聯合群眾反對使徒，

並將他們帶到官長面前，控告說：「這些人原是猶太人，竟騷擾我們的城，傳我們羅馬人所不可受、不可行的規矩。」眾人被瘋狂的情緒所鼓動，在官長的默許之下，剝下使徒的外衣，用棍狠打。然後將他們關進監獄，雙足扣著木狗的刑具，又吩咐禁卒嚴密看守。

身受極刑關在牢獄裏的使徒們，並沒有發怨言，反而彼此以祈禱互相勉勵。保羅想起從前自己曾如此逼迫基督徒，如今卻能為主受苦，心中感到快樂。他們在獄中時常傳出禱告和唱詩的聲音，令守衛和囚犯都大為詫異。官長在回家的路上，聽見人們稱許使徒的品格和工作；又看見那脫離巫鬼的婦女，在容貌舉止有所改變，就深感懊惱並決定次日下令私下釋放使徒。

然而神未曾遺忘祂的僕人，就差派天使來到獄中。他們一到，地就震動起來，獄門也敞開了，連使徒手腳上的鐵鍊也一併脫落。本已睡著的禁卒在惶恐中驚醒過來，看見牢門全開，便驚慌失措，以為囚犯必定逃走了。由於懼怕失職的處罰，準備自行了斷。正拔刀自刎時，卻聽見保羅說：「不要傷害自己，我們都在這裏。」禁卒放下刀，叫人拿燈來，到內監察看究竟。到了使徒所在的地方，就俯伏在地求饒恕，又問他們：「我當怎樣行才可以得救？」他以深切自卑之心請求使徒指點生命之道。他們回答說：「當信主耶穌，你和你一家都必得救。」使徒就為他和他全家的人講解主道，並為他們施洗。在監牢裏，許多人敞開心門傾聽福音。

腓立比的市民因地震而恐慌，到了早晨，禁卒將夜裏所發生的事稟告官長，他們也感到驚慌，就打發差役去釋放他們。身

為羅馬公民的保羅和西拉拒絕私下被釋放，堅持要得到公平的待遇。按照律法，未經審判定罪就用刑和監禁羅馬人，是不合法的。官長們深怕事情越鬧越大，只好到牢裏向他們道歉，並親自領他們出監和離開那城。使徒出了監往呂底亞家裏去，勸慰弟兄之後就離開那裏。他們受非法監禁以及蒙救的消息傳遍附近一帶地方。因保羅工作的結果，終於在腓立比建立了一所教會，而且教友人數不斷增加。這個教會雖然常受逼迫，卻能在信仰上堅立不移，使保羅甚感欣慰。

早期的基督徒必須經常與惡勢力爭鬥，撒但用盡方法使他們轉離真道。到了末世的時候，撒但也力圖以各種誘惑霸佔人心，使人忽視永生之道。如今邪惡已達巔峰，許多傳福音的人仍樂於安逸，未覺警惕。上帝忠心的信徒應當穿戴天上的軍裝，不畏艱辛地向前邁進，使福音的信息傳至地極。

22 帖撒羅尼迦

「上帝藉我們所傳的福音召你們到這地步，好得著我們主耶穌基督的榮光。」（帖後2：14）

　　保羅和西拉離開腓立比之後，便往帖撒羅尼迦去，到猶太人的會堂裏講道。因為先前在牢中受過嚴刑，在作見證時並沒有高抬自己，反而歸功於施行拯救的主。在帖撒羅尼迦時，保羅引用舊約聖經中論及彌賽亞的預言，證明拿撒勒人耶穌就是彌賽亞。從先知以賽亞、耶利米、彌迦、和詩人大衛的經文中指明彌賽亞來不是作地上的君王，救他們脫離屬世的壓迫者；乃是作人間之人，過貧寒的生活，最後獻上自己的性命為「贖罪祭」，為人類犧牲。

　　在悔改之前的保羅，熱衷於維護律法儀文，堅信必須靠賴這些祖傳的制度和虛妄的形式，才能得救。他雖然足以誇耀自己在遵行律法上無可指摘，卻拒絕了律法制度所預表的救主。但自從悔改之後，他的一生完全改變。保羅將他在大馬色的奇妙經歷，告訴了帖撒羅尼迦的猶太人。一連三個安息，在會堂中，根據聖經向他們說明基督的生、死、復活、職務、和將來的榮耀。

　　福音的真理大力在帖撒羅尼迦得宣揚，並吸引了廣大人群的注意。其中有許多敬虔的希臘人和尊貴的婦女們，都聽從這道

理。但是由於不信之猶太人的嫉妒，讓使徒的工作遭到同樣的反對。他們勾結了不義之徒，聳動全城的人闖進耶孫的家捉拿保羅和西拉。結果沒有找到兩位使徒，就把耶孫和幾個弟兄捉到官府，控告他們私自收留使徒，違反了該撒的命令。

既然找不著保羅和西拉，官方只好釋放這些被告的信徒，以求息事寧人。弟兄們隨即在夜間打發他們往庇哩亞去。現今傳講真理之人，亦常遭受如此待遇。十字架的信徒必須時刻警醒禱告，憑信心勇敢前進，奉主名忠心地從事工作，藉著高舉基督和祂的犧牲，為罪人帶來平安與赦免。

23 庇哩亞和雅典

「我說的話、講的道，不是用智慧委婉的言語，乃是用聖靈和大能的明證，叫你們的信，不在乎人的智慧，只在乎上帝的大能。」（林前2:4、5）

保羅在庇哩亞，遇到一群願意研究真理的猶太人。路加記載：「這地方的人賢於帖撒羅尼迦的人，甘心領受真道，天天查考聖經，要曉得這道是與不是。所以他們中間多有相信的；又有希臘尊貴的男女。」庇哩亞人樂於研究使徒所傳講之道理的真實性，學習聖經中有關彌賽亞的應許。他們每日殷勤地查考經文，天上的使者就從旁啟發和感動他們的心思意念。

在末世時，我們當效學庇哩亞人的榜樣，孜孜不倦地研究聖經，將真理與上帝的話互相對照。可惜許多人不肯如此行，便容易陷入撒但的謬道之中，以致與上天隔絕。在末日人人都要按著所賜予的亮光受審判。凡誠心尋求真理的人，必能從神的話語中得到啟示。

帖撒羅尼迦的猶太人對使徒滿懷嫉恨，竟追蹤到庇哩亞來，鼓動無知之士攻擊使徒。弟兄們惟恐保羅遭害，便派幾位信徒陪同，將他送到雅典去。逼迫就這樣處處追隨著這位真理的教師，雖然不能阻止福音的進展，卻造成使徒工作上的艱苦。然而保羅

冒著反對和衝突勇敢前進，堅決不移地執行神託付予他的使命，作外邦人的傳光者。

保羅到了雅典，就打發庇哩亞的弟兄捎信回去，叫西拉和提摩太立即來與他會合。提摩太與西拉一同留在庇哩亞，維持已有良好成績的聖工，教導新近悔改的人遵守信仰的原則。雅典城乃是當時信奉異教的中心，各處都有建築宏偉的殿堂廟宇，和眾多的雕刻、神像、及紀念名人偉蹟的碑匾。這裏的居民不是無知的平民，而是一群有知識的文化人。城中到處可見各種神的塑像、藝術的繪畫、和壯麗的建築。保羅可以感受到全城沉溺於拜偶像的風氣，亦體會到他們愛好美術和科學的蠱惑力。但他並未因此而有所迷惑，反而對雅典人深表憐惜，因為他們雖有昌明的文化，卻不認識真神上帝。

在這異教盛行的大都市裏，保羅頗為孤寂，覺得勢單力薄，無法獨自克服障礙。他到會堂裏，與猶太人和敬虔的人，以及在街上所遇見的人辯論道理。雅典的學者和名門，很快就聽說有這麼一位特別的教師，向民眾傳揚新奇的道理。其中有些人找保羅談論和爭辯，有的是以彼古羅和斯多亞門派的學士。有些人認為他是在胡言亂語，也有些人因保羅傳講耶穌和復活之道，就說他是傳講外邦鬼神的。保羅的博學和口才吸引了所有聽眾的注意，他的智慧也博得了學者們的尊敬。

於是他們把他帶到亞略巴古，就是雅典城中最神聖的場所。凡有關宗教的事項都在此經過慎重思考和審議而裁定。保羅就在這安靜嚴肅之地，泰然自若地向詩人、美術家、和哲學家傳揚真理。他說：「眾位雅典人哪！我看你們凡事很敬拜鬼神。我遊行

的時候，觀看你們所敬拜的，遇見一座壇，上面寫著未識之神；你們所不認識而敬拜的，我現在告訴你們。」保羅舉手指著那置滿偶像的殿宇，傾吐了心中的重負，說明這些宗教的虛妄。他指著不具生命的雕像和神像，提醒他們這些東西都受人力支配，不能與神的榮耀相比。他向他們所宣揚的這位真神，乃是不依靠人而又掌管萬有之主。他說：「創造宇宙和其中萬物的上帝，既是天地的主，就不住人手所造的殿；也不用人手服事，好像缺少甚麼，自己倒將生命、氣息、萬物、賜給萬人。」

　　隨後他又宣稱上帝「從一本造出萬族的人，住在全地上。」在上帝面前，人人平等，祂願賜給每一位悔改之人得救的盼望。當保羅提及基督復活時，他們便譏誚和拒絕他。因此保羅結束在此的工作。雅典人堅決不肯放棄敬拜偶像的習慣，情願轉離真理之光，使生活日趨腐敗而淪亡。在聽眾之中也有些人對道理有所感悟，但因不願謙卑承認主而拒絕接受救恩。雄辯的辭令或有力的論據都不足使罪人悔改，惟有上帝的能力才能使真理深入人心。雅典人因智慧聰明而驕傲，以致福音未能成功地傳給他們。只有一位深具名望的公民，名叫丟尼修，和一小群人，接受了福音的信息。

　　今日真理也要傳給達官顯貴們，讓他們服從上帝的律法，在善惡之間作一選擇。神不勉強人接受救恩，但人必須為自己的決定承擔後果。即使他們不願接受真光，上帝的僕人仍須善用機會，將福音傳達給這群人。務必堅守信心，靠賴主的智慧與力量，就能成就超過人所求所想的，以真理照亮世界的黑暗。

24 哥林多

「世人憑自己的智慧,既不認識上帝,上帝就樂意用人所當作愚拙的道理,拯救那些信的人;這就是上帝的智慧了。」

(林前1:21)

　　在公元第一世紀中,哥林多不但是希臘,亦是歐西世界的一個主要城市。它的街道上有希臘人、猶太人、羅馬人、和來自各地的旅客,熱切從事商業和尋求娛樂。這個位於羅馬帝國中樞的商業中心,也成為上帝和建立福音的重要地點。

　　在哥林多的猶太僑民之中,有兩個後來成為熱心的基督工人,名叫亞居拉和百基拉,保羅就投靠他們,與他們同住作工。在這個繁榮的交通中心,全城的居民幾乎都是拜偶像的。他們極崇拜維納斯女神,而在對維納斯的敬拜中,連帶著許多荒淫無恥的禮節和儀式。所以在異教裏,哥林多人最出名以邪淫放蕩,肆無顧忌的方式尋歡作樂。

　　保羅使用不同於雅典的傳福音方法在此工作;他避免複雜的辯論,而是以聖靈和大能的明證,傳講基督和十字架的道理。他向哥林多的希臘人講述耶穌是一位出身寒微的猶太人,遭自己國人棄絕而被釘在十字架上。在那時代裏,十字架所代表的是羞辱與懼怕。要傳十字架的道理,必遭猶太人和希臘人反對。但對保

羅來說，十字架卻是最寶貴的福音。自從他蒙召悔改以來，便順服於神聖的感化中，在基督裏成為新造的人。他心中充滿著一股熱望，欲幫助同胞們仰望拿撒勒人耶穌為永生上帝的兒子，是大有能力施行改變與拯救的主。此後保羅便完全獻身於傳揚十字架慈愛和能力的工作，他甚至說：「無論是希臘人、化外人、聰明人、愚拙人，我都欠他們的債。」（羅1：14）

在哥林多的會堂裏，保羅「向猶太人證明耶穌是基督」，根據舊約聖經指出所應許之彌賽亞的降臨。從耶穌的家譜開始追溯，又宣讀眾先知論及彌賽亞的特性，以及講述拿撒勒人耶穌的生活、工作、和犧牲。保羅竭力使他們承認救主已經來的事實，讓他們認清只有悔改信主才能得救。他本著聖靈的大能述說自己奇妙的悔改，以及他對這些經上應許的信心，以致眾人看到他全心全意熱愛和跟隨救主。可惜哥林多的猶太人不願接受這真理，反而惱恨並抗拒他。於是保羅抖著衣裳，代表將罪歸在他們自己頭上，然後就離開那裏，到一個名叫提多猶士都的人家中。

這時西拉和提摩太已從馬其頓來此幫助保羅，一同向外邦人傳道。他們清楚、簡明、而確切的傳達真理的信息，傳講世界的創造主為拯救墮落人類所作的犧牲。這福音充分地顯明在他們的言行生活上，有天使的合作，其中有「管會堂的基利司布和全家都信了主；還有許多哥林多人聽了，就相信受洗。」猶太人見此就惱羞成怒，更加仇恨他們。因為提不出憑據來反駁保羅的教訓，便宣稱基督和使徒所行的一切是出自撒但的能力，如此就褻瀆了福音和耶穌的聖名。

此刻保羅見到外邦人的墮落，又受到猶太人的侮辱，便灰心

喪志，打算離開哥林多。主在異象中向他顯現，說：「不要怕，只管講，不要閉口；有我與你同在，必沒有人下手害你；因為在這城裏我有許多的百姓。」保羅從這命令中得到鼓勵，便繼續留下來熱心的工作。他不僅致力於公開的演講，並且挨家拜訪，藉著安慰憂傷受苦的人、支持受壓迫的人、和探望患病的人，得與更多的人接觸來往。有聖靈與他同在，他所彰顯、所高舉的都是基督。

保羅原是極富口才的演說家，在悔改之後，不再以滔滔雄辯打動聽眾，乃是以簡潔的話語使真理深入人心。許多哥林多的外邦人離棄拜偶像而事奉真神上帝，但卻被不信之猶太人拉到公堂上，要控告他不按律法敬拜神。當時的方伯迦流是個正直的人，不願與這些猶太人狼狽為奸；他駁回了他們無理的控訴，並將他們攆出公堂。群眾轉過來支持保羅，便揪住管會堂的所提尼，在堂前打他，連方伯迦流也不阻止他們。保羅又住了多日，堅強信徒的心，勉勵他們在信仰上忠心。

25 致帖撒羅尼迦人的書信

「我們既是這樣愛你們，不但願意將上帝的福音給你們，連自己的性命也願意給你們，因你們是我們所疼愛的。」（帖前2：8）

　　當保羅逗留在哥林多時，西拉和提摩太從馬其頓回來，帶來帖撒羅尼迦信徒持有信心和愛心的好消息，使保羅甚感安慰。他渴望親自再次訪問他們，但因當時不能抽身，所以就寫信給他們。

　　首先保羅為他們信心增長而感謝神，他寫道：「弟兄們！我們在一切困苦患難之中，因著你們的信心就得了安慰；……我們為你們眾人常常感謝上帝，禱告的時候提到你們；在上帝我們的父面前，不住的記念你們因信心所作的工夫，因愛心所受的勞若，因盼望我們主耶穌基督所存的忍耐。」在帖撒羅尼迦信徒當中，有許多人離棄偶像領受真道，在跟從主所表現的忠誠上，為馬其頓和亞該亞所有信主之人立下好榜樣。他們因得基督的恩典，生活起了奇妙的改變，為主大發熱心，帶著能力傳講真理。許多人就受這真理感化而信主。

　　在致帖撒羅尼迦人的第一封書信中，保羅說明自己是如何在他們中間不以諂媚或詭騙的方法作工；乃是如同母親乳養孩子和父親待兒女般地愛他們，勸勉他們要行事對得起上帝的呼召。他又盡力教導他們有關人死後的情形，他說：「我們若信耶穌死

而復活了,那已經在耶穌裏睡了的人,上帝也必將他與耶穌一同帶來。……因為主必親自從天降臨,有呼叫的聲音和天使長的聲音,又有上帝的號吹響;那在基督裏死了的人必先復活。以後我們這活著還存留的人,必和他們一同被提到雲裏,在空中與主相遇;這樣,我們就要和主永遠同在。」這些話為帖撒羅尼迦的信徒帶來極大的安慰,使他們與死去的親友能有再相見的盼望。正如基督怎樣從死裏復活,上帝也照樣從墳墓裏喚醒睡了的聖徒,並接他們到上帝的國中同享榮耀。

保羅論到主的復臨,明確地說:「主的日子來到,好像夜間的賊一樣。人正說平安穩妥的時候,災禍忽然臨到他們。」現今在世上有許多人執意不顧末世基督行將復臨的證據,保羅稱這等人為黑夜和幽暗之子。他勸勉帖撒羅尼迦的信徒要作光明和白晝之子,不要睡覺,總要警醒謹守。

一個警醒的基督徒必是作工結果子的基督徒,熱心致力於推展聖工。他們愛主之心越深,愛人之心也越深。當時在帖撒羅尼迦教會中有些人「不按規矩而行,甚麼工都不作,反倒專管閒事。」保羅在此勸導他們務要尊重教會的規則和負有權責的人,要在行事為人上表現實際的敬虔。他說:「上帝召我們,本不是要我們沾染污穢,乃是要我們成為聖潔。」

在從事傳道工作時,保羅經常和小群的男女信徒一同聚會和祈禱,一同商討傳福音的方法,幫助他們成為熱誠而活躍的佈道士。他要信徒們「彼此相愛,立志作安靜人,辦自己的事,親手作工,向外行事端正;警戒不守規矩的人,勉勵灰心的人,扶助軟弱的人;不可以惡報惡,要追求良善,常常喜樂,不住的禱

告，凡事謝恩。不要消滅聖靈的感動，不要藐視先知的講論，但要凡事察驗，善美的要持守。」他又懇求他們禁戒各樣惡事，保守自己的身心，完全無可指摘。

在第一封書信中，有些人誤解保羅希望目睹救主降臨。因此在第二封書信中，他設法糾正這誤解。他明確地指出：「無論有靈、有言語、有冒我名的書信、說主的日子現在到了，不要輕易動心，也不要驚慌。人不拘用甚麼法子，你們總不要被他誘惑；因為那日子以前，必有離道反教的事；並有那大罪人，就是沉淪之子，顯露出來；他是抵擋主，高抬自己，……甚至坐在上帝的殿裏，自稱是上帝。」在此保羅強調以後羅馬天主教皇的勢力將與上帝子民爭戰。在末日時，有行各樣神蹟異能和虛假奇事的人，也有行各樣不義詭詐的人。凡是拒絕真理的人，上帝必收回聖靈，任憑他們信從不義和虛謊。

在書信的末了，保羅督促他們務要在信仰上堅定不移，藉著忠心堅守真理，將真光傳給別人。他又囑咐他們行善不可喪志，要一方面不怠不倦地為主的福音效勞，另一方面也在生活上殷勤努力。最後，他祈求神的平安和主的恩典，成為他們人生勞苦和磨難中的安慰與倚靠。

26 亞波羅在哥林多

「栽種的和澆灌的，都是一樣，但將來各人要照自己的工夫得自己的賞賜。」（林前3：8）

　　保羅離開哥林多之前，便往以弗所去。那時他正要到耶路撒冷去參赴節期，所以只在以弗所作短暫的停留。他在會堂裏與猶太人辯道，眾人要求他留下為他們工作。但保羅必須前去耶路撒冷，所以留下同行的百基拉和亞居拉，繼續推進聖工。

　　約在此時，有一位名叫亞波羅的猶太人，來到以弗所。他生在亞力山大，是個有學問又能講解聖經的人。他曾聽過施洗約翰講道，亦接受悔改的洗禮，便心裏火熱地在會堂中放膽講道。當時百基拉和亞居拉也置身聽眾之中，看出亞波羅尚未領受福音的全部亮光。於是就接他來，將上帝的道為他更加詳細的講解。經他們教導之後，亞波羅對聖經就獲得更清楚的認識。他想到亞該亞去傳道，以弗所的弟兄們就寫信請那裏的門徒接待他。亞波羅在哥林多，從事公開講道和挨家拜訪的工作。他「極有能力駁倒猶太人，引聖經證明耶穌是基督。」保羅先前在那裏播撒真理的種子，亞波羅則予以澆灌。由於亞波羅傳福音工作上的成功，使一些信徒認為他功蓋保羅。這種錯誤的比較，造成教會裏分黨派的風氣。

保羅在哥林多居住的一年半中，特意以最簡易的方法闡明福音。他覺得當時哥林多的信徒有許多人對信仰學習尚淺，不能領會或實踐聖經中更深奧的道理。所以保羅說：「只得把你們當作屬肉體、在基督裏為嬰孩的。我是用奶餵你們，沒有用飯餵你們。」（林前3：1、2）

保羅知道在哥林多的聽眾之中必有信守屬世學說和虛偽崇拜制度的人，亦有懷疑派和批評家反對真理的人，於是他盡力領人到十字架跟前。他並不冒昧指責他們的罪惡，乃是向他們詔示福音的真理，促使他們渴望得到十字架的救恩。保羅深知惟有藉著認識基督，才能愛祂和仰望相信祂。單憑屬世的智慧和心思，是不會生發羨慕天國永生之心的。人必須先被基督的恩典制服，才會仰慕聖潔和新生命。

因此保羅所盡力撒下的種子，必須由接替這工作的人予以澆灌，按照教會的程度繼續向前推進。那首先在哥林多傳道並組織教會的乃是保羅，而從事澆灌和培育工作的乃是亞波羅。但無論是保羅或亞波羅，都只是神所指派的工人，真正叫一切生長的乃是上帝。那改變品格的，不是人力，而是神能。

上帝的僕人並不都賦有相同的恩賜，卻同是神所揀選的工人。恩賜固然各有不同，但所有的工人必須通力合作，以仁慈謙恭相待，在上帝的督導之下，同心合意地完成福音傳遍天下的使命。保羅在致哥林多教會的第一封書信中強調：「基督的執事」乃是「上帝奧秘事的管家」，而且必須要忠心、不輕易論斷人和事，直等主來時，顯明人心並領受應有的稱讚。保羅明確地在信中提到不可在上帝的僕人中作比較或評判，惟有主是各人工作的

評判者，祂必賜予公正的賞賜。

信徒中間不當依戀某一位傳道人，而不願接受其他的工作者。上帝不是根據人的選擇，而是根據人的需要，給予對我們最適當的幫助。一個傳道人很少具有全備的資格，足以使一個教會完全達成一切的使命。因此上帝往往差派其他的傳道人，彌補不足的缺欠。教會應當以感謝之心接待基督的僕人，存謙卑之心領受他們所傳授的真理，但萬不可以任何傳道人為崇拜的對象。上帝的傳道人都是光明和福惠的使者，要藉著祈禱領受聖靈的恩賜，肩負救人的重擔。現今為主作工的人，亦要表現使徒時代宣揚福音之人的同一美德，在主手裏作有用的器皿。上帝已在教會中任命賦有不同才幹的人各司其職，以便藉著集體智慧配合聖靈的運行。

在早期的基督教會中，有一些人不承認保羅和亞波羅，卻以彼得為他們的領袖。他們堅稱彼得曾是與主最為親近的門徒，比曾經逼迫信徒的保羅更高一等。這種分黨的精神是錯誤的，保羅嚴肅地說：「所以無論誰都不可拿人誇口，因為萬有全是你們的；或保羅、或亞波羅、或磯法、或世界、或生、或死、或現今的事、或將來的事，全是你們的；」（林前3：21、22）亞波羅因哥林多教會的紛爭頗感失望，即選擇離開這是非之地，不在那裏工作。後來保羅勸他再去訪問哥林多，亦為他所謝絕。直到許久以後，教會的屬靈情況有所改良，他才再去那裏傳道。

27 以弗所

「我們原是祂的工作，在基督耶穌裏造成的，為要叫我們行善，就是上帝所預備叫我們行的。」 (弗2：10)

　　當亞波羅在哥林多傳道的時候，保羅在耶路撒冷作短期的訪問，又在早年工作的安提阿住了一段時日。然後他經過加拉太和弗呂家，來到小亞細亞訪問自己曾建立的教會，要堅固眾信徒的信心。在使徒的時代，小亞細亞西部被劃分為羅馬帝國的一個省分，叫作亞西亞；它的首府以弗所，乃是商業雲集的大中心。在那裏聚有各國家的人，與哥林多一樣，是個佈道的好園地。猶太人廣佈於這些已開化的地區，而且一直仰望著彌賽亞的降臨。許多到耶路撒冷過節的人，曾到約但河聽施洗約翰講道，並把這信息隨著他們帶到世界各地。如此就為使徒的工作預備了道路。

　　保羅到以弗所後，遇見十二個弟兄，與亞波羅一樣是施洗約翰的門徒，但對基督的使命認識不多。他們以真誠和信心，將自己所領受的知識傳給別人。保羅見他們未受耶穌和聖靈的洗，便將基督在世上的生活、受死、以及復活都向他們講述明白。他也告訴他們藉著保惠師聖靈沛降於五旬節的情形。這些弟兄們因著信領會了救恩的真理，接受主為他們的救贖主。於是奉耶穌的名再次受洗，而當保羅「按手在他們頭上」時，他們也受了聖靈的

洗。藉此他們能說別國的方言，又說預言。他們就在以弗所和附近一帶以佈道士的身分工作，並到小亞細亞傳道。這些人謙卑受教的精神，為基督徒立下良好的榜樣。許多人太自滿，不肯向人領教，因而在信仰上不得進步，亦不追求更大的亮光。凡是願意尋求智慧的人，神必親手引導他們找到真理；並要加添他們的才幹與能力，在生活上更能榮神益人。

今日亦有許多人像以弗所的信徒一樣，不甚明白聖靈在人心中的工作。然而正如葡萄樹的液汁從樹根傳到枝梢，使樹生長並開花結果；聖靈賜下源於救主的生命能力，亦充滿我們的心思意念和情感，使我們順服上帝的旨意，而結出聖潔的果實。這種奇妙的運作，是肉眼看不見、也非人類哲學所能解釋的。基督徒要「長大成人」，就必須吃生命的糧，喝救恩的水。他必須藉著警醒祈禱和殷勤作工，在凡事上順服主的教訓。

保羅在以弗所依照慣例，先到猶太人的會堂講道。他一連三個月與他們「辯論上帝國的事，勸化眾人。」起初頗受歡迎，但不久也像其他地區一樣遭到強烈的反對。於是使徒就不再到會堂裏講道。他將信徒集合起來組成獨特的團體，自己則與他們分開，在頗有名望的教師推喇奴的學房公開傳道。這情形維持了兩年之久。

以弗所不單是亞西亞省最壯麗的城邑，它也是最腐敗的都市。人口稠密的居民沉緬於迷信和聲色的享樂之中，各種惡行罪犯都聚集在此。而且以弗所是敬拜亞底米女神的中心，在那裏有超卓美麗的廟宇建築，還有人們相信從天降下的偶像林立於廟中。許多術士研究刻在偶像上的文字，相信這些文字帶有神奇的

能力，亦如此迷惑敬拜神像的人。使徒保羅帶著上帝的能力，行了非常的奇事，包括醫治各樣疾病和趕鬼。這些神蹟既是奉耶穌聖名而行，眾人就能看見真神上帝的能力，是遠超過敬拜亞底米女神的術士。

摩西的律法禁止行邪術，犯者須處以死刑；然而卻有背道的猶太人在暗中行邪術，念咒趕鬼。其中有猶太祭司長士基瓦的七個兒子，因看見保羅所行的奇事，便找到一個被鬼附著的人，想要奉保羅所傳的耶穌之名趕鬼。但是惡鬼卻回答說：「耶穌我認識，保羅我也知道；你們卻是誰呢？」於是惡鬼從所附的人身上跳出來，進到他們其中二人身上，叫他們赤著身子受傷而逃出去了。這事傳開之後，主的名從此就更受尊崇。許多沒有放棄迷信和行邪術的信徒，也感悟自己的錯誤而悔改。他們把行邪術和占卜的書籍拿出來焚燒，算計書價共合五萬元之多。真理就如此戰勝了人的偏見和撒但的權勢。這消息從以弗所流傳到遠近各地，大力推動了福音的聖工。

在現今的世代裏仍有許多行邪術的事，撒但利用現代招魂術迷惑人心。今日招魂術的靈媒、以及占卦、看相、算命的人，都是撒但控制人心的工具。所以使徒保羅勸告以弗所教會：「那暗昧無益的事，不要與人同行，倒要責備行這事的人。」（弗5：11）

28 勞碌與磨練的日子

「所以，要拿起上帝所賜的全副軍裝，好在磨難的日子抵擋
仇敵，並且成就了一切，還能站立得住。」（弗6：13）

　　保羅在以弗所工作長達三年之久，以這裏作為傳道中心，將
福音傳佈到亞西亞省的猶太人和外邦人之中，建立了一個日漸興
旺的教會。這時保羅有意再作一次佈道旅行，打算經過馬其頓、
亞該亞，往耶路撒冷去，並且有意到羅馬傳道。為了配合這計
劃，他先打發提摩太、以拉都二人，往馬其頓去；自己因覺得以
弗所的聖工仍需要他在場，所以決定留至五旬節之後再離開。

　　在以弗所，每年一度尊崇亞底米女神的禮節，吸引了全省各
地的民眾，前來參加所舉行的隆重慶典和豪奢宴樂。對於新近歸
主的人，這節期乃是一大考驗。由於保羅的工作果效顯著，結果
前來參加廟會的人數明顯地減少，朝拜的熱忱也大為低落。這使
以倣製、販賣神像和神龕的生意大受影響，引致經營這一行的業
者十分不滿。一個名叫底米丟的銀匠召集同行的工人，發起對使
徒保羅的攻擊。他控告保羅引誘迷惑眾人輕視他們所敬拜的大女
神，導致他們的事業被人藐視。他的講論引起了群眾的憤恨，造
成滿城轟動。人們四處搜尋保羅，要捉拿他。上帝的天使奉差遣
前來保護他，弟兄們得悉通知，早就將他藏到安全之處。

群眾既然找不到保羅，便捉拿與他同行的馬其頓人該猶和亞里達古洩憤，帶他們擁進戲園去。保羅藏身之處離戲園不遠，聽到同行的弟兄落入險境，便急於前去相救。但是門徒不許他去，亞西亞的幾位首領亦派人勸阻保羅，不要冒險去戲園。騷亂越演越烈，在叫喊之中，有許多人根本不知道集會的原因。猶太人推舉了銅匠亞力山大代表發言，表示他們與保羅毫無關連。但群眾認出亞力山大是猶太人，就把他推開，這樣吵鬧的情形持續約有兩小時。

最後，眾人精疲力竭，停止喊叫，會場才安靜下來。於是城裏的書記站起來，對他們說：使徒們既沒有偷竊廟中之物，也沒有毀謗廟中之神，這樣的騷亂乃是無理的喧擾，他吩咐眾人散去。上帝藉著這位官員為保羅申辯，並遏制暴亂的群眾。於是基督教又再次戰勝了謬道和迷信。「亂定之後，保羅請門徒來，勸勉他們，就辭別起行，往馬其頓去。」

保羅在以弗所的工作就此結束。他曾在這裏不遺餘力地公開傳講福音，挨家拜訪，流淚勸導，以及不畏艱辛地與反對勢力奮戰。無論再困難，他都本著熱忱推進聖工，忠心看守這個尚屬幼小的教會。每當他聽到有人用盡方法反對他的工作時，就徹夜不眠的祈禱和沉思默想。保羅又根據各教會的需要寫信勸勉、責備、警戒和教導他們。他在書信中很少提到自己所受的磨練，只是偶爾提到為基督的聖工所遭遇的苦難，藉以堅固他們。保羅在飽受反對的暴風雨、仇敵的圍攻、和友人的遺棄之下，有時也難免灰心喪志。但當他一想到髑髏地的救主，便絕不退縮地以新的熱忱向前邁進，直到能夠在救贖主腳前卸下盔甲為止。

29 警告和規勸的信息

「若有人毀壞上帝的殿，上帝必要毀壞那人；因為上帝的殿是聖的，這殿就是你們。」（林前3：17）

致哥林多教會前書乃是保羅在以弗所的後段時期所寫的。他曾向他們傳道有一年半之久，指明惟有靠賴復活的救主才能得救，並將作基督信徒的特權和本分教導那些加入教會的人。使徒不倦地鞏固那些初信的信徒，懇勸他們完全獻身與神。因他知道人若不全然獻身，就不會放棄罪惡，而必受食慾和情慾等的各種試探迷惑良心。每一個軟弱、疑惑、掙扎的人若完全降服於主，就能在考驗和需要之時得蒙上天的支持與幫助。

哥林多教會的教友受到邪教和情慾所包圍，保羅與他們同在時，曾以堅定的信心、熱切的禱告、誠懇的訓言、和敬虔的生活引導他們離開罪中之樂。但在保羅離去之後，許多人就逐漸疏忽冷淡，甚至又轉回到先前的罪惡之中。使徒曾簡略地寫信勸告他們不可與這些貪戀罪惡之徒為伍，但卻被許多信徒曲解他的意思。哥林多教會寫了一封信向保羅請教各種問題，企圖從他的回答解釋自己的意圖，但對教會真實的情形卻隻字不提。約在此時，有一家人從哥林多來到以弗所，是有好聲望的革來氏家裏的人。他們將教會中分門結黨、福音被曲解、拜偶像和淫蕩之風亦

日益猖獗的事都告訴保羅。

　　保羅知道他所擔憂的事已經發生，就心裏難過痛苦，流淚祈求上帝的指示。最後決定打發提多去為他以後的訪問先作預備，自己則寫了一封深具教益的書信給哥林多教會。其中他清楚的回答教會所提出的各項問題，並指明一般可遵循的原則。他忠實的向他們警示危險，又譴責他們的各項罪惡，並設法以基督重新挑旺他們當初獻身時的熱心。保羅提醒哥林多信徒從前他們如何轉離偶像事奉真神，和領受聖靈恩賜的經驗。他勸勉他們要「在祂裏面凡事富足，口才知識都全備；……等候我們的主耶穌基督顯現」；又要他們「不可分黨；只要一心一意彼此相合」。這些話都是在聖靈感動之下寫出來的。

　　在這封書信中，保羅沒有提到那些意圖破壞他工作的假教師，不願因此觸犯某些人，引致他們離棄真理。他只叫信徒注意他所作的工作，「好像一個聰明的工頭，立好了根基，有別人在上面建造。」但他聲明自己並沒有智慧，乃是靠賴上帝的能力傳揚真理。在哥林多信徒中最嚴重的罪就是轉回到邪教的風俗惡習之中。保羅懇請教會將這些人從他們中間趕出去，他說：「豈不知一點麵酵能使全團發起來嗎？你們既是無酵的麵，應當把舊酵除淨，好使你們成為新團。」

　　在哥林多教會中所發生的另一樣錯誤，就是弟兄們彼此爭訟。耶穌曾親自指示倘若有弟兄犯錯時，應先私下勸告他；他若不聽，則帶兩三個人同去勸導。若是仍然無效，就交由教會處理；若不聽教會，就看他為外邦人和稅吏一樣。保羅責備地說：「你們竟是弟兄與弟兄告狀，而且告在不信主的人面前。你們彼

此告狀，這已經是你們的大錯了。」撒但經常致力在上帝的子民中引起猜忌不信、離間疏遠、和彼此怨恨。

那些愛自己過於愛基督和聖工的人，必定將私人的利益列為首要，甚至不惜對簿公堂來維護這些利益。基督徒不該訴諸民事法庭以求解決教友之間的爭端，應遵循聖經的訓示自行解決或交由教會處理。彼此爭訟的基督徒使教會受外人譏誚、羞辱基督、並輕視教會和上帝的權威。

保羅在書信中力圖勸勉他們履行主的要求，他說：「你們是屬基督的，……是重價買來的；所以要在你們的身子上榮耀上帝。……不要自欺；無論是淫亂的、拜偶像的、姦淫的、……貪婪的、醉酒的、辱罵的、勒索的，都不能承受上帝的國。……豈不知你們的身子就是聖靈的殿嗎？」保羅對信徒們充滿愛心和關心，鼓勵他們追求內心的敬虔，靠著警醒禱告，抗拒一切行惡的試探，以及控制情慾和食慾。哥林多的信徒仍須在基督徒的靈程上有更深刻的經驗，保羅要他們充滿上帝的豐盛，追求並學習主的樣式，以便在品格上逐漸改變，能夠過更高尚的人生。

30 更高的標準

「所以，我親愛的弟兄們，你們務要堅固，不可搖動，常常竭力多作主工；因為知道，你們的勞苦，在主裏面不是徒然的。」（林前15：58）

保羅在寫給哥林多教會的書信中，將他們每年所舉行的賽跑與基督徒的戰鬥作一比較。賽跑是希臘和羅馬人最古老和最受重視的一項競賽，而且也有許多不同階級的人願意參賽奪獎。凡希望參加的人，必須接受嚴格的準備訓練，禁止任何食慾的放縱或損傷體力之事，務必使所有的體能達到最高標準。許多人為要爭取得獎和優勝者的光榮，不惜付出一切代價贏得勝利。每當優勝者到達終點時，全場觀眾喝采歡呼，響徹雲霄。獲勝者不但獲頒桂冠，而且右手持著棕樹枝，接受所有人的讚揚。他的父母也分享這份榮譽，就連他所居住的城市也因此增光。

保羅說：「凡較力爭勝的，諸事都有節制。」基督徒也必須擺脫一切足以削弱體力的嗜好，使自己的食慾和情慾服從上帝的要求；在生活上接受上帝聖言的教導和聖靈的指引，作好嚴格的訓練，並傾全力去爭取勝利。在競賽中，人人都為獲勝而努力。他說：「他們不過是要得能壞的冠冕，我們卻是要得不能壞的冠冕。」為了跑這場永生的競賽，基督徒必須放下嫉妒、惡毒、猜

忌、誹謗、和貪婪的重擔。不論犧牲甚麼，都必須予以放棄。救主曾說：「倘若你一隻手叫你跌倒，就把它砍下來；你缺了肢體進入永生，強如有兩隻手落到地獄，入那不滅的火裏去。倘若你一隻腳叫你跌倒，就把它砍下來；你瘸腿進入永生，強如有兩隻腳被丟到地獄裏。」（可9：43－45）

在場上賽跑的雖有多人，但得獎的卻只有一人。基督徒的戰鬥卻不是如此。凡遵守規則跑到終點的人，都能得獎賞，一個也不致失望。凡靠上帝恩典的能力使生活符合主旨的人，都可獲勝。最軟弱和最強壯的聖徒，均可同戴那不朽壞的榮耀冠冕。保羅比喻自己是正在跑道上竭力賽跑的人，他說：「我是攻克己身，叫身服我；恐怕我傳福音給別人，自己反被棄絕了。」他所謂的「攻克己身」，乃是指抑制各種慾望、情感、和愛好的嚴格訓練。人必須與主每日保持緊密連繫，在行事為人的生活上實踐所信所傳的真理，否則口頭上的信仰是毫無意義的。保羅深知這場爭鬥是終生的搏鬥，必須每日完全降服於聖靈的控制之下，才能達到嚴律己身的標準。他要哥林多信徒生活上所表現的，就是這種專心為永生爭取勝利的意志和追求敬虔的毅力。

保羅又以古以色列人的經驗提醒他們，他指出以色列民在順從上帝時就獲得福惠，而叛逆時又招致刑罰報應。他囑咐哥林多人「要謹慎，免得跌倒。」又向他們保證說：「上帝是信實的，必不叫你們受試探過於所能受的；在受試探的時候，總要給你們開一條出路，叫你們能忍受得住。」「所以你們或吃或喝，無論作甚麼，都要為榮耀上帝而行。」使徒的這些訓示不單只適用於哥林多教會，而且特別適合當今的時代。一個人拜偶像，並非僅

於跪拜偶像，這其中也指專顧自己、貪圖安逸、放縱私慾等事。一個僅僅追求聲色之娛、口腹之慾、自我放縱的宗教，絕非基督的宗教。

保羅將教會比作人的身體，他說：「我們不拘是猶太人，是希臘人，是為奴的，是自主的，都從一位聖靈受洗，成了一個身體；……身子原不是一個肢體，乃是許多肢體。……總要肢體彼此相顧。」隨後又告訴他們基督徒應具有的愛心：「我若能說萬人的方言，並天使的話語，卻沒有愛，我就成了鳴的鑼、響的鈸一般。我若有先知講道之能，也明白各樣的奧祕，各樣的知識；而且有全備的信，叫我能夠移山，卻沒有愛，我就算不得甚麼。我若將所有的賙濟窮人，又捨己身叫人焚燒，卻沒有愛，仍然與我無益。」一個基督徒心中若不充滿對神和對人的愛，他就不是基督的真門徒；他所說和所行的一切都是徒然。因為「愛是恆久忍耐，又有恩慈；愛是不嫉妒；愛是不自誇，不張狂。不作害羞的事，不求自己的益處，不輕易發怒，不計算人的惡。不喜歡不義，只喜歡真理；凡事包容，凡事相信，凡事盼望，凡事忍耐。愛是永不止息。……如今常存的有信、有望、有愛；這三樣其中最大的是愛。」

在哥林多的信徒中，有人離棄基本的信仰，甚至否認復活的道理。保羅明確地說：「若基督沒有復活，我們所傳的便是枉然，你們所信的也是枉然。」他又將末日復活的情景告訴他們：「就在一霎時、眨眼之間，號筒末次吹響的時候；因號筒要響，死人要復活成為不朽壞的，我們也要改變。……感謝上帝！使我們藉著主耶穌基督得勝。」他誠懇地勉勵他們「務要堅固不可搖

動，常常竭力多作主工，因為知道你們的勞苦，在主裏面不是徒然的。」

保羅以愛心率直的勸勉、責備、糾正哥林多教會的錯誤和危險。但發出此信後，卻擔心所寫的會傷害他們。現今為聖工負責的僕人，有時也和保羅一樣，既要為教會操心，又要擔心處理問題過於嚴厲而得罪人。保羅就以戰兢焦急的心情，等待著回音。

31 領受勸告

「我們既然蒙憐憫，受了這職分，就不喪膽；乃將那些暗昧可恥的事棄絕了；不行詭詐，不謬講上帝的道理，只將真理表明出來，好在上帝面前把自己薦與各人的良心。」（林後4：1、2）

　　保羅從以弗所出發，作另一次的佈道旅程，再度巡視他以前在歐洲工作所建立的教會。他在特羅亞逗留了一些時日，宣講基督的福音，廣為那裏的人所接受。但他卻不能在那裏久留，因為有「為眾教會掛心的事」，尤其是哥林多教會的事，使他十分掛念。本想在特羅亞可以遇見提多，得知哥林多的信徒是否接受他信中勸告和責備的話；但因沒有遇見提多而甚感不安。所以他離開特羅亞，渡海到馬其頓去，在腓立比遇到了提摩太。這個忠心的使者為保羅帶來好消息，說明哥林多的信徒已經領受了保羅的教訓，而且悔改重生。

　　保羅滿心歡喜，就再寫一封書信給哥林多的信徒，表示為他們所成就的善工而得的安慰。他寫道：「因為依著上帝的意思憂愁，就生出沒有後悔的懊悔來，以致得救。……從此就生出何等的殷勤、自訴、自恨、恐懼、想念、熱心。」他聽到他們接受了書信中的信息之後，就說：「願頌讚歸與我們主耶穌基督的父上帝，……因為知道你們既是同受苦楚，也必同得安慰。」

在他們重新悔改的事上，保羅説：「感謝上帝！常率領我們在基督裏誇勝，並藉著我們在各處顯揚那因認識基督而有的香氣。因為我們在上帝面前，無論在得救的人身上、或滅亡的人身上，都有基督馨香之氣。」按照當時的風俗，將軍凱旋歸來時必要帶著一批俘虜回來；並事先安排一些拿香的人走在前面。對於即將被處死的俘虜，這香氣就是意味死的氣味，表明他們的死期近了。但對於蒙恩獲赦的囚俘，這香氣就是意味活的氣息，表明他們獲釋的時候近了。保羅在此比喻福音的芬芳之氣將要像馨香之氣散佈到全世界。對接受基督的人，這信息是叫人存活的香氣；對執迷不信的人，卻是叫人滅亡的氣息。

使徒保羅渴望讓信徒感覺到傳福音之人的嚴肅責任。傳福音的人要忠心傳道，配合純潔和言行一致的生活，方能使工作蒙神悅納，造福他人。有人批評保羅寫第一封書信乃是舉薦自己，其實他是這些教會的創辦人，並不需要任何舉薦。而那些離棄偶像悔改從主的哥林多信徒，就是保羅工作的最佳證明。他説：「你們就是我們的薦信，寫在我們的心裏，被眾人所知道所念誦的。你們明顯是基督的信，藉著我們修成的；不是用墨寫的，乃是用永生上帝的靈寫的；不是寫在石版上，乃是寫在心版上。」

罪人的悔改和更新的生活，乃是傳道人最有力的憑據，證明上帝已選召他從事聖工，而更能有力地為主工作。今日的傳道人應以此為榜樣；可惜有才能的福音執事雖多，但能結出果子的卻寥寥無幾。一個真正的傳道人，必須完全倚靠神的能力，高舉基督為罪人的唯一希望。當聖靈降在他身上時，就能得力量以屬靈的話解釋屬靈的事。他對別人述説真神之愛時，必能有力地引人

接受得救的恩典。保羅説：「我們有這寶貝放在瓦器裏，要顯明這莫大的能力是出於上帝，不是出於我們。」上帝原可藉著天使宣揚祂的真理，但祂卻揀選人將福音傳給世人，使人在為主工作中得到更大的福樂。

這些基督的使者經常處於危險之中，備受身心的勞苦。但他們卻能「凡事都是為你們，好叫恩惠因人多越發加增，感謝格外顯多，以致榮耀歸與上帝。」又説：「我們這至暫至輕的苦楚，要為我們成就極重無比永遠的榮耀。」保羅在書信中反覆詳述救主的無比大愛，從放棄天庭的榮耀、取了人的樣式、虛己成為奴僕、存心順服，直到死在十字架上，都顯明了公理與正義如何配合著憐憫、慈愛、和赦免。我們看到在寶座中間，有一位帶著傷痕的救主使人與上帝和好；又看到一位慈愛無窮的父，因兒子的功勞而接納罪人。

當我們默想基督在世上的生活、祂在十字架上的犧牲、祂在天上擔任人類的中保、以及為我們所預備的天家；不禁要感嘆地説：「基督的愛是何等長闊高深，父的愛又是何等偉大無邊！」這愛要像聖火一樣，在每一位忠實信徒的心裏燃燒，激勵他們以無瑕疵的生活反映這愛。這樣，罪人就被領到十字架跟前，仰望上帝的羔羊。

32 慷慨捐輸的教會

> 「『少種的少收，多種的多收』，這話是真的。各人要隨本心所酌定的，不要作難，不要勉強；因為捐得樂意的人，是上帝所喜愛的。」（林後9：6、7）

保羅在致哥林多教會的第一封書信中，曾說：「有誰當兵，自備糧餉呢？有誰栽葡萄園，不吃園裏的果子呢？有誰牧養牛羊，不吃牛羊的奶呢？……你們豈不知為聖事勞碌的，就吃殿中的物嗎？伺候祭壇的，就分領壇上的物嗎？主也是這樣命定，叫傳福音的，靠著福音養生。」（林前9：7、13、14）使徒在此提及維持上帝聖工的原則。凡分別專任聖職的人，均受教會弟兄的供給。在猶太制度之下，民眾無不受教要在維持聖工和供應窮人這兩件事上，當存慷慨捐輸之心。每年莊稼與葡萄收成的時候，將初熟之物——包括五穀、新酒、和油，當作祭物獻給神。初剪的羊毛，初收的五穀，頭生的牲畜、和頭生的長子，卻是分別歸給上帝的。凡初熟之物都要先帶到聖所放在耶和華面前，然後專供祭司之用。田間所遺下的穗子和角落的莊稼，則留給窮人領取。主定意藉著這種制度，教導以色列人需在凡事上以祂為首，認定上帝乃是萬物之主，他們是這些物業的管家。

昔日希伯來人的慷慨，祇是裨益其本族；但今日的基督徒卻

背負更大的責任，使上帝的福音聖工普及全球。聖工一經擴展，則求助的呼聲就必更頻繁。如果基督徒願意將「當納的十分之一」獻與上帝，祂的府庫就必豐足。這樣就無需依賴舉辦各種募捐活動來維持福音。如今人們毫不吝惜地花費在滿足口腹、妝飾自己、或鋪張建宅的事上。但在奉獻支持聖工上，卻態度躊躇。

人若因基督的愛而心裏火熱，就必認為協助推展聖工，不僅是一種本分，也是一件樂事。那誘使世人將分屬上帝的財務留作滿足私慾之用的，乃是貪婪的精神；是上帝所憎惡的，而且將受咒詛。

慷慨的精神乃是天國的精神，是被髑髏地十字架所感召的樂善好施之心。反之，自私的精神乃是撒但的精神，是主張接受和領取之心。上帝的子民不僅繳納十分之一給主，也當以感恩之心，奉獻所得之恩惠——就是最佳的財物和最聖善的服務，全然獻給主。厚待那些放棄世俗職務而獻身傳道的人，乃是教友的本分。在世俗工作中，凡盡心的職工都能獲得薪資。同樣地，蒙召擔任傳道工作的人，理應領受足能自給和養家的薪酬。傳道人也應教導會眾以慷慨為懷樂意捐獻。

即使是最窮苦的人，也應當藉著克己幫助那些更需要的人，分享基督的恩惠。每一出於克己或獻己的行為，就如同馨香之氣升到上帝面前。聖經中所記載的那位寡婦，盡一切能力獻上所有的兩個小錢的善行，受到了主的讚許；叫人知道禮物的評價不在乎數量，而是根據捐獻的比率和動機而定。

使徒保羅在各地教會傳道時，常教導信徒為福音作更大的事，鼓勵他們要實行慷慨樂捐；他說：「我凡事給你們作榜樣，

叫你們知道：應當這樣勞苦，扶助軟弱的人，又當記念主耶穌的話說：施比受更為有福。」（徒20：35）馬其頓的信徒雖然多屬貧窮，卻因愛神之心洋溢而樂意捐助聖工，成為眾教會的榜樣。這種甘願犧牲的精神，乃是受聖靈感動，「先把自己獻給主」，然後才樂於克己供應他人之需。即使保羅不接受，他們竟強求他接納他們的捐款；本著愛弟兄的心，結出仁慈的善果。當他差派提多到哥林多教會時，就要他將教會建立在施捨的善事上。他在信中寫道：「上帝能將各樣的恩惠，多多的加給你們；使你們凡事常常充足，能多行各樣善事。」（林後9：8）

無私的慷慨樂捐使早期教會大得喜樂，他們的善行結出許多果實。凡跟從基督的人，應樂於在生活中以表彰救主的仁慈為榮。神的訓誨說：「你要以財物，和一切初熟的土產，尊榮耶和華；這樣，你的倉房必充滿有餘，你的酒醡有新酒盈溢。」（箴3：9、10）撒種的需將種子撒出去，才得繁殖。忠心散佈上帝恩賜的，也必因施與而添福。「你們要給人，就必有給你們的；並且用十足的升斗，連搖帶按，上尖下流地倒在你們懷裏。」（路6：38）

33 在艱難困苦中工作

「主賜給我們權柄,是要造就你們,並不是要敗壞你們;我就是為這權柄稍微誇口,也不至於慚愧。但誇口的,當指著主誇口。因為蒙悅納的,不是自己稱許的,乃是主所稱許的。」(林後10:8、17、18)

　　保羅在傳道的時期,常在各都市藉著從事手藝維生。他雖然身居門徒的領導人,但將所僅有的經濟都用來推展聖工,因此往往必須靠手藝謀生。按照猶太人的習俗,在子女成長時就訓練他們勤勞工作的習慣。每一個青少年,不論父母是貧是富,都要受某種職業的訓練。凡不如此行的父母,就算違背了耶和華的訓誨。保羅亦在年輕時,學會了製造帳棚的手藝。

　　我們最先讀到保羅的自養傳道,始於帖撒羅尼迦。他曾提到自己是「辛苦勞碌,晝夜作工。」當時在那裏有一些不作工的人,使徒吩咐他們:「若有人不肯作工,就不可吃飯。」撒但在每一個世代都設法在教會中引起狂熱;例如威克里夫、路德等人,都有趨向宗教狂的試探。他們以為聖潔使人脫離世俗,並使人完全禁戒勞動,並視勞動為罪惡。保羅對這種說法,不敢苟同。雖然在腓立比的信徒時常打發人送些資助給他,但保羅還是謹慎地立下勤勞的榜樣。

在初次訪問哥林多的時候,他發現那裏居住的希臘人都是精明的商人,採取正當與不正當的手段賺錢謀利。保羅寧願放棄得到他們任何供應,免得他們懷疑他是為得利而傳福音。在哥林多,他遇見一個名叫亞居拉的猶太人,以及妻子百基拉,從義大利羅馬來此,開辦了製造帳棚之業。經過探聽,保羅知道他們是敬虔事主之人,便「投奔了他們,和他們同住作工。」每逢安息日,保羅依然到會堂裏辯論,勸告猶太人和希臘人。後來西拉和提摩太前來,並帶來馬其頓教會的捐款,作為維持聖工之用。

保羅一面從事製造帳棚,一面忠心地傳福音。他在以弗所一帶積極傳道長達三年,同時也從事他的職業。當時有人反對他從事勞動,認為他不該耗費光陰在製造帳棚上。保羅卻不以為然;他與亞居拉一同工作時,接觸到更多需要幫助的人,得以為主作見證。保羅是一個敏捷殷勤的工人,在日常的操勞上,立下美好的榜樣,榮耀上帝。有時他不分晝夜地工作,不單為供養自己,也幫助他的同工。他曾與路加分享賺得的錢,也幫助過提摩太。以致在向以弗所的長老辭別時,他舉起粗糙的雙手說:「我未曾貪圖一個人的金、銀、衣服。我這兩隻手,常供給我和同人的需用,這是你們自己知道的。」

勞動乃是幸福,而不是咒詛。懶惰足以破壞敬虔,使聖靈擔憂;如同停滯的水必然發臭,而川流不息的河川必散佈喜樂於全地。保羅渴望教導青年的傳道人,藉著親手作工,操練筋骨,成為身強力壯。那些蒙召擔任傳道工作的人,應虛心接受訓練,運用神所交託他們的才幹。教會亦應酌量協助他們。那奉獻作為擴展聖工的經費,不該用在單為獲得供養的傳道人身上,滿足他們

貪圖安逸的私慾。

　　保羅雖滿有才學，並蒙神選召；卻甘心樂意地從事手藝的勞作。他的熱誠和勤勞是獻身之人的楷模，亦是懶惰之人的譴責。他以實際的方式，證明信徒可在不同之處成就福音的工作。又如亞居拉和百基拉雖未蒙召全職傳道，但神使用他們將真理指示給亞波羅。主使用各樣不同的器皿，成全祂的旨意。如今有一片廣大的工作園地在自養傳道人面前展開，許多人可以一面傳福音，一面從事某種手藝，培養更多有力的工人並擔住重要的職務。

　　身為上帝僕人的傳道人，不要以鐘點來計算工作，不受薪資影響他的努力，也不致受情勢左右他的職責。他既從上天領受使命，就要在完成任務時獲得上天的獎賞。有時忠心的工人不免遭受試探，覺得經濟供應不足而感到困擾或灰心。當效法保羅的榜樣，憑信前進，忠心事奉。有時神領祂的子民遇到困境，考驗他們的信心。當禱告上達主前，祂必為他們敞開門路，引領他們進入更寬闊之地。得蒙光照的人必要慷慨捐輸，響應求助的號召，受聖靈的感動，支持本地和遠方各地的聖工。

34 牧者的聖職

「人子啊！我照樣立你作以色列家守望的人。所以你要聽我口中的話，替我警戒他們。」（結33：7）

　　基督在祂的生活和教訓中，彰顯源自上帝的無私服務之心。祂以榜樣教人明瞭服務的真義，在門徒中間樹立服事人的原則。祂說：「你們中間誰願為大，就必作你們的用人；誰願為首，就必作你們的僕人。」基督升天之後，祂藉著所揀選的使者繼續推進聖工，藉著他們向世人說話，並為世人的需要服務。這些使者是神所命定的代表人，為神擴展和監管祂的聖工。

　　凡蒙召建立教會的傳道人，皆肩負著「替基督使人與神和好」之重任。惟有領受那從天而來的智慧和能力，才能完成主的使命。傳道人乃照顧上帝子民的屬靈監護人。他們的工作好比錫安城牆上的守望者，要警醒守候，以便在敵人臨近時發出警報，確保所有人的安全。

　　上帝的僕人若不忠於職守，必要為此負責而滅亡。他們獲有特權與神親密交往，敏於領受聖靈的感應，以致能在危險時發出警戒，指明安全之所，保護教會的利益。他們是上帝所揀選的，受了使人成聖之血的印記，要拯救眾人脫離毀滅。

　　那與基督同工的傳道人必深深體會到自己工作的神聖性，

不要謀安逸與便利，完全忘我的尋找失喪的迷羊。那傳授聖道的人必須藉著祈禱和讀經，時刻與神交往而得到能力執行傳道的任務。人若能與上帝同行，就能像摩西一樣，在隱藏的磐石穴中看見上帝。每當灰心的威脅要將傳道人壓倒時，務要將需要在上帝面前陳明。保羅一直注視主耶穌，信賴上帝，就可得到活力和毅力，與惡勢力爭戰。

　　作牧者的人應當與人保持來往，從熟識中得以知道他們的需要。他必須到各人家裏探訪，認真而謙卑地與他們談話祈禱。耶穌也曾在傳道時進入信徒的家中，醫治病人，安慰傷心的人，憮恤受苦和愁悶的人。祂為孩子祝福，又向疲勞的母親說安慰鼓勵的話；以溫柔和藹應付人間的憂患與痛苦。祂的教訓含有一種熱誠，使祂的話得以深入人心。上帝的傳道人要效學基督的樣式，每天領受聖靈，作為他們知識的來源和能力的祕訣。

　　有些傳道人的工作未獲成功，乃是因為他們未曾全心全意從事主的工作。他們不能一面負擔繁重的私營事業，同時又負責救靈的工作。這樣會使他們屬靈的理解力模糊，心思意念被俗世之事物佔據，而不能專心服事主。傳道人的精力應當全部用在崇高的恩召上，將上好的能力歸獻給神。他不應從事投機事業，或作任何足以使他偏離這重大任務的經營。保羅說：「凡在軍中當兵的，不將世務纏身，好叫那招他當兵的人喜悅。」（提後2：4）一個完全獻身的傳道人，不要追求屬世的尊榮或財富，而將賜永生財富的主帶給他人。

　　保羅對罪人具有火熱的愛心，所以全心投入救靈的工作。凡他所領受的恩賜，都用來造福他人。保羅從不放棄每一個傳講

基督或幫助他人的機會。他到各處傳福音,並設立教會。又和巴拿巴訪問他們所興建的教會,並從其中揀選可以受訓參與聖工的人。保羅將訓練青年傳道當作自己工作的一部分;他時常帶領他們出外佈道,使他們獲得實在的經驗。佈道回來分手之後,又常以書信鼓勵他們,例如提摩太和提多,就是保羅所訓練教導的青年傳道人。他教導傳道人要每日與主親近,成為「活的香氣」,「在各樣的事上,表明自己是上帝的用人。」他教導提多:「凡事要顯出善行的榜樣;在教訓上要正直、端莊、言語純全,無可指責。」上帝現今也號召那些樂意離鄉背井的人,到異邦中傳揚真理,成為擴展福音領域的佈道士。

為使一個罪人悔改,傳道人應竭盡一切才智能力,努力尋回失喪的人。他的心一定充滿救人的熱望,不辭勞苦地為別人帶來喜樂和平安的信息。他要為救人而時刻警醒,要向人發出邀請和勸告,倚賴主的恩典,竭力領人歸向耶穌。這樣忠心為主工作,直到世界的末了。

35 救恩臨到猶太人

「猶太人和希臘人並沒有分別，因為眾人同有一位主；祂也厚待一切求告祂的人。」（羅10：12）

保羅經過多次耽延之後，終於抵達哥林多。這是他一直深切關懷的教會。當他看到這裏的信徒已經具有基督徒的品格，在言行上彰顯著忠貞與熱心時，就甚為快慰。他們在這異教和迷信猖行的中心，已成為一股堅強的向善力。保羅在此逗留期間，有機會展望到更寬廣的新工作園地。他特別考量前往羅馬，希望在世界的大中心堅固基督的信仰。那時羅馬業已成立教會，所以保羅希望與該地的信徒合作，以便在義大利及其他國家完成聖工。為著這工作鋪路起見，他事先寫了一封書信給他們，聲明他訪問羅馬的決心，和要在西班牙樹立十字架旗幟的希望。

在致羅馬人的書信中，保羅對當時猶太和外邦教會所議論的一些問題表明立場，說明那曾一度專屬猶太人的指望和應許，如今已提供給外邦人了。在書信中他清楚而有力地闡明因信基督而稱義的道理，希望其他教會也能從中獲益。歷代以來，因信稱義的偉大真理像燈塔一樣地引領悔改的罪人走向生命之道。這光驅散了馬丁路得心中的黑暗，也引導千萬背負罪擔的生靈找到赦罪與平安的源頭。

　　保羅在這一封書信中，聲明他多麼希望讓猶太人認識福音的信息。他不住地懇求上帝，感化那些未曾接受基督為救贖主的人。猶太人原是上帝的選民，本是要使人類藉著他們得福。神不斷地興起多位先知，卻都遭他們拒絕，最後也拒絕並殺害了上帝的兒子。雖然如此，上帝並沒有遺棄以色列人，仍然讓他們得救恩。但是因為他們失足跌倒，而使救恩臨到外邦人身上。使徒採用了舊約聖經的話說：「窯匠難道沒有權柄，從一團泥裏拿一塊作成貴重的器皿，又拿一塊作成卑賤的器皿嗎？……又要將祂豐盛的榮耀，彰顯在那蒙憐憫早預備得榮耀的器皿上；這器皿就是我們被上帝所召的，不但是從猶太人中，也是從外邦人中，這有甚麼不可呢？」

　　雖然以色列整個民族是失敗了，但在主降世時，仍有一群忠心的人接受施洗約翰的信息，得蒙指引去研究彌賽亞的預言，進而接受拿撒勒人耶穌為救主。這些忠心的猶太人，就是早期教會成立時的成員。保羅將這些人比作一棵貴重的橄欖樹，而外邦人則比作野橄欖樹上的枝子，被折下來接到好橄欖樹上。由於不信和頑梗，以色列人如同折斷的枝子一樣地與上帝斷絕了關係，但是上帝仍將忠於祂的餘數重新接到原來的樹幹上。於是以色列全家都要得救，因為他們本是蒙揀選得憐恤的。

　　在耶路撒冷和聖殿遭毀滅時，有成千上萬的猶太人被賣到外邦去作奴隸。他們散居世界各地，像荒岸的破船四處漂泊，長達一千八百年之久。他們要世世代代受人憎惡、欺凌、和逼迫，承受痛苦多難的命運。在猶太人中仍有許多敬畏神的男女，默默忍受著苦難，上帝必在困苦中安慰和顧念他們。神應許賜福給每一

個相信祂的人，包括猶太人和外邦人。保羅說：「上帝是不偏待人。」又說：「這福音本是上帝的大能，要救一切相信的，先是猶太人，後是希臘人。」

　　今日的傳道人中，只有少數覺得應為猶太人工作。在末世時，神期望信徒們特別注意散居各國的猶太人，將舊約聖經與新約聖經配合起來時，必能成為猶太人新生的曙光，使心靈得復甦。他們就能認明基督是世界的救主，並因信而接受基督為自己的救贖主。在猶太人中，有一些像保羅一樣擅於講解聖經的人，將以奇妙的能力宣講福音，彰顯神的救恩與慈愛。

36 加拉太教會的背道

「各人應當察驗自己的行為;……人種的是甚麼,收的也是甚麼。」(加6:4、7)

　　保羅在哥林多停留時,曾為幾個已成立的教會擔憂。由於耶路撒冷信徒中興起假師傅,導致分裂、異端、和放縱情慾的事,在加拉太一帶的信徒中間迅速蔓延。這些假師傅將猶太人的遺傳與福音混合起來,不顧耶路撒冷會議所作的決定,而勉強外邦信徒遵守這些儀文的律法。保羅對此叛道的情形深感不妥,就立時寫信給那些受迷惑的加拉太信徒,揭穿他們所接受的假道,並且嚴厲指責偏離信仰的人。在幾句問候之後,他説:「我稀奇你們這麼快離開那藉著基督之恩召你們的,去從別的福音。那並不是福音,不過有些人攪擾你們,要把基督的福音更改了。但無論是我們,是天上來的使者,若傳福音給你們,與我們所傳給你們的不同,他就應當被咒詛。」

　　使徒保羅要他們回顧過往的基督徒經驗,使加拉太信徒查驗自己的良心,讓他們看出所受的欺騙而回轉到先前的信仰上。他致加拉太人的這封書信與哥林多大為不同。他對哥林多教會採取溫和責備的態度,但對加拉太人則作直接的申斥。哥林多教會受詭言所惑,以致無法分辯道理的真偽。保羅以審慎忍耐的方式,

引導他們返回正途。但在加拉太的各教會中，已公開將謬道取代福音的信息，以猶太教的陳腐禮儀代替基督。因此保羅以最嚴厲的警告，搶救他們脫離背道的危險。每一位基督的執事都應學習保羅的樣式，以合宜適當的方法應付不同的情況。在聖靈的啟迪和引導下，作出正確的判斷和措施。

在這封書信中，保羅簡略地檢討了他早年的悔改和基督徒經驗，藉此說明上帝對他的恩待。他懇勸加拉太人務要離開那些假師傅，轉回正道上。以徒具外表的宗教儀式代替內心與生活的聖潔，是不被神所悅納的。「人若不重生，就不能見上帝的國。」（約3：3）在每一個時代中，撒但均設法以適合人的偏見和嗜好之方法，使人心轉離基督的救恩。

在使徒時代，他使猶太人高抬儀文律法，拒絕基督。在現今世代，他唆使許多自稱基督徒的人，輕蔑道德律法，並教訓人可以干犯律法而不受罰。作上帝忠僕的責任，是要毫無畏懼地揭發錯謬，指引他人抵擋試探之正途。

保羅又竭力證明自己作基督使徒的身分，不是從人而定，乃是從天上最高權威所領受的。而且他的身分曾得耶路撒冷的會議認可，肯定他在外邦人中間的工作。保羅並無高舉自己之意，而是要顯揚神的恩典。他勸導信徒們恢復先前熱愛福音的心，又指明他們作上帝兒女的特權。凡靠主恩而完全獻身的人都能披戴祂的義袍，而且必須與神有親身的交通經驗。這些話在加拉太的教會中果然起了作用，聖靈大力地運行，使許多誤入歧途的人轉回到福音的信仰裏。

此後，又在生活中結出聖靈的果子，就是「仁愛、喜樂、和

平、忍耐、恩慈、良善、信實、溫柔、節制。」於是在那一帶地方信徒人數也大為增添。

37 保羅末次到耶路撒冷

「弟兄們，我願意你們知道，我所遭遇的事更是叫福音興旺；……只要凡事放膽，無論是生是死，總叫基督在我身上照常顯大。」（腓1：12、20）

保羅極想在逾越節之前到達耶路撒冷，以便能與那些從各地回來過節的人接觸。他心中始終希望能夠消除猶太人的偏見，引領他們接受福音的真光。而且也希望會見耶路撒冷的會眾，將外邦教會贈與猶太貧窮弟兄之禮物帶給他們。藉著這一次的訪問，更加鞏固猶太弟兄和外邦信徒之間的聯合。正當他準備從哥林多搭船前去的時候，卻聽說猶太人設計要殺害他。保羅的工作引起猶太人的憤怒，因為他們反對廢除儀文律法的禮節，而且不滿他容許外邦人與猶太人同享作亞伯拉罕子孫的權利，因此決意終止他的工作。於是保羅放棄到耶路撒冷過逾越節的計劃，繞道馬其頓，改在五旬節時到達那裏。

此次與保羅同行的有庇哩亞人所巴特，帖撒羅尼迦人亞里達古，和西公都，特庇人該猶，亞西亞人推基古，特羅非摩，和提摩太。由於他攜帶著外邦教會捐助給猶太弟兄的大筆款項，就特意安排獻捐的教會派遣代表，陪著他一路同行。保羅先與路加到腓立比過逾越節，其他人則先到特羅亞去等候。腓立比人是保羅

所引領歸主的人中最真誠至愛的，他在八天的節期中，享受了彼此間平安快樂的交往。

然後保羅和路加乘船到達特羅亞與其他人會合，並與那裏的信徒同住七天。臨走之前的最後一晚，他們一同「聚會擘餅」。由於保羅即將離開，所以聚集的人比平常多。他們聚在一座三層樓的樓上，使徒向他們講道，直到深夜。有一個名叫猶推古的少年人坐在窗臺上睡著了，就掉到下面院子裏而喪命。大家既驚慌又悲傷，一時場面混亂。但保羅抱著他，獻上懇切的禱告，求神讓他從死裏復生。眾人看到他的復活，甚感安慰。他們快樂地聚集在樓上，領受聖餐，談論道理，直到天亮。次日保羅讓同伴們上船，自己卻揀選旱路，從特羅亞步行到亞朔。在獨自步行時可以默想禱告，思考到耶路撒冷所將面對的困難和危險，尋求神的能力和指示。

在亞朔與大家會合之後，他們向南行經過以弗所。但因行程緊湊，在距離以弗所九十里外的米利都，通知以弗所的長老，前來米利都會面。這次會面，保羅講了有力而動人的勸勉和臨別贈言。他明確地指示他們人的律法本身無法救人脫罪，必須到上帝面前悔改認罪，以信靠基督的寶血得赦免，並且藉著主恩的力量，得以順服上帝的律法。當他提到去耶路撒冷的危險時，他說：「我卻不以性命為念，也不看為寶貴，只要行完我的路程，成就我從主耶穌所領受的職事，證明上帝恩惠的福音。」

保羅受聖靈啟示，知道這乃是他與以弗所弟兄最後一次的會面。他一向都以忠直之心教導他們，從不避諱得罪任何人。上帝現今也要祂的僕人毫無畏懼地傳揚祂的聖言，並實行聖經的教

訓。傳道人不可單向人傳講悅耳的真理，而不說使人難以接受的其他真理。他必須以深切的關懷注意品格的發展。如果看到羊群中懷藏任何罪惡，就要作忠心的牧人，從聖經中給予他們合適的教導和糾正。保羅勸勉他們要作「全群的監督」，要為自己謹慎，也為全群謹慎，牧養上帝用基督的寶血所買來的教會。既身為生命之道的教師，就不應予人任何批評真理的把柄；要藉著完全的獻身、純潔的生活、敬虔的言行，證明自己配擔任這崇高的職分。

當保羅展望未來的教會必須遭受外侵內患時，不禁恐懼戰兢起來。他懇切地囑咐弟兄們：「所以你們應當警醒，記念我三年之久，晝夜不住的流淚，勸戒你們各人。」又繼續要他們以他為榜樣，不求私己的利益，在刻苦傳道之餘，自養自足。他說：「我凡事給你們作榜樣，叫你們知道，應當這樣勞苦，扶助軟弱的人，又當記念主耶穌的話說：施比受更為有福。」說完這話就跪下與眾人禱告。眾弟兄不捨地與他擁抱、親嘴道別，然後就送他上船去了。

保羅一行人從米利都到哥士、羅底、帕大喇、然後到了推羅。由於船要卸貨，就在那裏逗留了七天，與那裏的弟兄們相聚。雖然他們勸保羅不要上耶路撒冷去，使徒卻不願改變前去的初衷。臨行前他們一同跪在岸上彼此代禱。他們再向南行，到達該撒利亞，就住在傳福音的執事腓利家裏。

按路加記載：有一位名叫亞迦布的先知，從猶太下來，拿了保羅的腰帶，捆上自己的手腳，以此勸阻保羅前去耶路撒冷。但保羅不肯放棄，說：「我為主耶穌的名，不但被人捆綁，就是

死在耶路撒冷,也是願意的。」眾弟兄見他心志已堅,就不再強
勸,只說:「願主的旨意成就。」在短暫的逗留之後,保羅和同
伴們出發前往耶路撒冷。他帶著抑鬱的心情來到此城,想起自己
從前如何迫害基督的門徒,又看到如今敵多友寡的情形,連自己
的同道弟兄也不支持他,就深切憐惜那些陷入迷惑中的同胞。保
羅並不灰心沮喪,反而心志更堅定地信靠主必引領弟兄們同心合
意的從事福音的工作。

38 保羅被囚

「所以，那照上帝旨意受苦的人要一心為善，將自己靈魂交與那信實的造化之主。」（彼前4：19）

　　保羅一行人抵達耶路撒冷，得到弟兄們的接待。次日又去見雅各和長老們，正式將外邦教會的捐款交給他們。保羅和同工們為了募集這些捐款，著實是勞心勞力。這筆捐款遠超出耶路撒冷長老們所預料的數目，代表了外邦信徒犧牲刻苦的精神，也顯示外邦信徒對上帝聖工所懷之忠誠。這樂意捐獻本當受到眾人的感謝，但保羅和同伴明顯地看出有些人並不賞識此捐款的好意。當福音傳到外邦的初期，在耶路撒冷領導聖工的一些弟兄，依然堅持過去的偏見和習慣，而未全心全意與保羅合作。他們雖然想維護教會的利益，卻未隨從神的引領向前邁進，反而憑著己意，在其他工作人員身上加以不必要的限制。他們既未親身體驗其他地區的處境和需要，又認為福音工作應當遵循他們的意見推行，而忽略了神的旨意。

　　若干年前，耶路撒冷的弟兄們曾會合其他主要教會的代表們，仔細研討向外邦人傳道的方法。當時弟兄們一致通過數項決議，包括割禮的問題也在內。弟兄們又聯名向各教會推薦巴拿巴和保羅成為福音的使者。原本批評和反對傳福音給外邦人的弟兄

們，經過這次會議，也改變初衷，彼此同心團結起來。後來當外邦信徒迅速增多時，又有幾位在耶路撒冷領導聖工的弟兄們，重新對保羅和他的同伴們持有偏見。如果保羅願意遷就聽從他們的意見，他們就承認並支持他的工作；否則便不予以贊同或援助。這乃是錯誤的態度。每一位參與聖工的人均應以上帝為領導，不可一昧仰賴人的指揮，或遵照人的見解行事；應當親自接受上帝形像的陶冶和塑造。

使徒保羅傳道的時候，始終信賴神直接的引領，他宣講的真理「不是用人的智慧所指教的言語，乃是用聖靈所指教的言語，將屬靈的話解釋屬靈的事。」（林前2：13）同時他也謹慎地依照耶路撒冷會議所作的決議行事，因此「教會信心越發堅固，人數天天增加。」（徒16：5）從這一次帶來的慷慨捐獻上，充分顯示出保羅的聖工所激發的忠誠和友愛。他獻上這些捐款之後，就向眾人述說神藉著他在外邦人中間傳道所行之事。眾人從他的見證以及擺在他們面前的捐款，就由衷相信他的工作是蒙神賜福，歸榮耀與神。

可惜擔任領袖的弟兄們，不但沒有坦承保羅為神成就了大事，反而勸他委曲求全的作一些事，為要消除別人對他讓外邦信徒免行割禮的偏見。他們建議他帶著願意獻身的四個人到聖殿裏，與他們一同行潔淨之禮，並替他們繳付費用，叫他們得以剃頭；這樣眾人便知道他是遵行律法的。這些領袖們知道如果基督徒不守儀文律法，必招致猶太人的憤恨和逼迫。保羅為求藉著這方法排除福音的障礙，第二天就開始實行長老們的忠告。如此行了幾天都平安無事，沒有引起任何人注意。但在所指定潔淨的日

期屆滿之前，當他正和祭司商談獻祭的問題時，就被幾個來自亞西亞的猶太人認出來了。他們狂怒地喊叫說：這人在各處蹧踐猶太人和律法。

根據猶太人的律法，未受割禮的人不得進入聖殿的內院，違反者是要判死刑的。有人看見保羅與以弗所人特羅非摩同在城裏，便以為保羅帶他進入聖殿。其實他並沒有這樣作，但他們卻偽告他帶希臘人進殿，污穢了聖地。消息迅速地傳遍耶路撒冷，群眾激怒如狂，就「拿住保羅，拉他出殿，殿門立刻都關了。」正想殺他之際，有人報信給營裏的千夫長革老丟‧呂西亞。他立即帶著兵丁和幾個百夫長前去鎮壓暴亂，保住了保羅的性命。

在混亂之中，保羅依然泰然自若，堅信神必保守他。千夫長問他是何人，犯了何罪。保羅要求允准向百姓說話，獲准之後，就站在臺階上用希伯來話說：「我原是猶太人，生在基利家的大數，長在這城裏，在迦瑪列門下，按著我們祖宗嚴緊的律法受教，熱心事奉上帝，像你們眾人今日一樣。」然後他又講述自己如何逼迫基督徒，以及蒙恩悔改的情形。這些經驗帶有令人感動的能力，一時軟化並折服眾人的心。但當保羅提及奉命在外邦人中傳道時，他們的憤怒又重新發作了，喊叫說：「這樣的人，從世上除掉他吧！」

眾人喧嚷，摔掉衣裳。千夫長就吩咐將他帶進營裏，準備用鞭子拷問。正要用刑時，保羅對站在旁邊的百夫長說：「人是羅馬人，又沒有定罪，你們就鞭打他，有這個例嗎？」百夫長將這話告訴千夫長。既知道他生來就是羅馬人，次日千夫長召集祭司長和全公會的人，將保羅帶到他們面前審問。保羅鎮定的

說：「弟兄們！我在上帝面前行事為人，都是憑著良心，直到今日。」他看出眾人之中一半是撒都該人，一半是法利賽人，就大聲說：「我是法利賽人，也是法利賽人的子孫；我現在受審問，是為盼望死人復活。」這話引起法利賽人和撒都該人爭論起來，會眾亦分為兩黨。撒都該人不相信復活、天使、和鬼魂；而法利賽人卻相信都有。他們自相爭辯，就分散了對付保羅的力量。接著是一陣騷亂，撒都該人要處死使徒，然而法利賽人卻竭力要保護他。千夫長唯恐保羅被扯碎，就把他帶進營樓去。

在監禁期間，保羅回想起那一日的痛苦經歷，看到自稱是上帝子民的猶太人，毫無理性地為憤怒所控制，深覺有辱上帝的聖名而感到痛心。他深切的罣念各教會是否面臨同樣的逼迫，在苦悶和灰心之餘，只能痛哭祈禱。當夜，主站在保羅身旁說：「放心吧！你怎樣在耶路撒冷為我作見證，也必怎樣在羅馬為我作見證。」保羅心中一直盼望去羅馬為主作見證，沒想到終以囚犯的身分得償所願。

天亮時，有四十多個猶太人同謀起誓，說：「若不先殺保羅，就不吃不喝。」他們同去見祭司長和長老，要求將保羅交給他們處決。祭司和官長們非但沒有責備這毒計，反而予以贊同。但上帝出面干涉，讓保羅的外甥得知這陰謀，就來到營中告知保羅。保羅立即請百夫長領他將此事稟報千夫長，於是千夫長呂西亞決定將保羅移交給巡撫腓力斯看管。在兵馬的護送下，使徒被送到該撒利亞，在外邦人中找到避難所，逃脫猶太人之毒手。腓立斯讀了呂西亞的文書後，將保羅放在希律的衙門裏候審。

猶太人的領袖們雖自稱熱心事奉上帝和為同胞謀幸福，但卻

在實際生活上率領百姓遠離上帝。如果教會的領袖能放棄對保羅所持有的成見，接待他為蒙召傳福音給外邦人的使者，主就必保留他多留在他們中間，為他們帶來更多的福惠。同樣地，教會若曲解傳道人的忠誠，阻擋他的工作，妨礙他的效用，主必收回祂所賜的恩典。撒但經常利用他的爪牙，去摧殘聖工和折磨神的僕人。有時上帝不得不加以干涉，使遭到迫害的僕人安息主內。藉著他們的死亡，使頑固無情之人醒悟過來，及時回頭再得神恩；那麼這犧牲或許能成就，他們生前所未能成就的事。

39 在該撒利亞受審

「因為有許多人行事是基督十字架的仇敵。……他們的結局就是沉淪；他們的神就是自己的肚腹。他們以自己的羞辱為榮耀，專以地上的事為念。」（腓3：18、19）

　　保羅抵達該撒利亞五天之後，控告他的人帶著辯士帖土羅從耶路撒冷來此出庭提出控訴。這個案件獲准立時審理，於是保羅被提到審判廳受審。帖土羅先以諂媚奉承的話對巡撫腓力斯讚揚一番，然後控告保羅說：「我們看這個人，如同瘟疫一般，是鼓動普天下眾猶太人生亂的，又是拿撒勒教黨裏的一個頭目；連聖殿他也想要污穢。」隨後又將在千夫長呂西亞那裏所發生的事情陳述一番，意圖勸誘巡撫將保羅交由猶太法庭審判。

　　腓力斯看出他們對保羅的仇恨以及不實的控訴，便轉向被告，點頭叫他為自己申辯。保羅不多說恭維的話，只是簡略地表明樂意在巡撫面前為自己辯護。論到告他的罪狀，他清楚地聲明全不屬實，他說明自己並未在任何地方引起擾亂，更沒有污穢聖殿。同時他也承認事奉祖宗的上帝，並相信律法。他宣稱自己「對上帝、對人，常存無虧的良心。」並以率直誠實的態度，述說訪問耶路撒冷的目的和被捉拿受審的情形，言辭中深具感服人心的力量。腓力斯本人對猶太宗教頗為熟識，從保羅的答辯能明

瞭猶太人的動機何在。他不願非法判處一個羅馬公民來討他們歡心，也不肯未經公平審理就將使徒交給他們。然而謀私己之利益、愛好稱讚的心、和貪圖擢升的慾望控制著腓力斯。於是他決定暫停審議，將保羅收監候審，聲稱等呂西亞來再作審斷。但他吩咐看守保羅的百夫長寬待他，也不攔阻親友前來探視。

事過不久，腓力斯與夫人土西拉私下召見保羅，聽他「講論信基督耶穌的道。」保羅認為這是天賜良機，便坦白說明基督的信仰，並引申論及他們所缺乏的基督徒之德行。他一再高舉神的公義、公正、與公平，以及祂律法的性質。他指明人的本分乃要以端正和節制度日，用理智控制情慾，順從神的律法，維持身心的健全；以便在審判大日來臨時，按著本身所行受報應。他向他們說明人在今生要為來生作好準備；財富、地位、名利都不足以救人脫離罪惡。保羅又詳述上帝律法的要求乃在於鑒察人的思想、動機、和宗旨。人口所說或手所作的都不足以顯明一個人道德的品質。在內心深藏的嫉妒、仇恨、私慾、和野心，都要受上帝律法制裁。

保羅盡力引導這兩位聽眾的心，注視主耶穌為罪所付出的「偉大犧牲」，介紹基督為一切禮節的實現，而相信主的寶血必然得救。上帝已在祂的律法中賜下正義的完全標準，而且絕不降低標準來迎合人的需求。人類也不能憑自己的力量去適應律法的要求；罪人惟有信靠基督，才能除淨罪污，順從神的律法。在此保羅強調了神的律法在猶太人和外邦人的所有要求，並高舉拿撒勒人耶穌為上帝的兒子和世人的救贖主。

腓力斯的妻子亦是猶太的公主，深知她所犯的過犯違反了

神的律法，卻硬著心腸拒絕生命之道。而腓力斯則是首次聽到真理，上帝的聖靈感化他，使他良心被喚醒。

他早年放蕩殘暴的生活記錄，均已展現在他眼前，心中感到十分惶恐。可惜他不但未因知罪而生出悔改之心，反而對保羅説：「你暫且去吧，等我得便再叫你來。」此後兩年之久，一直沒有對保羅另作處分；並屢次叫他來，傾聽他的講論。外表上像是渴慕真理，卻常暗示保羅以巨額金錢換取釋放。保羅始終未曾就範，只願神的旨意得成就。

腓力斯因嚴重得罪猶太人，被召赴羅馬，最後受懲免職，由波求·非斯都接替巡撫一職。為重獲猶太人信任，就將保羅拘留在監裏。雖然曾有天上的亮光照耀在腓力斯身上，可惜他藐視得救恩的機會，此後再也沒有得到另外的呼召了。

40 保羅上訴於該撒

「惟有主站在我旁邊，加給我力量，使福音被我盡都傳明，叫外邦人都聽見；我也從獅子口裏被救出來。」（提後4：17）

　　非斯都到任三天後，便從該撒利亞上耶路撒冷去。祭司長和猶太人的首領央求他將保羅帶回耶路撒冷來，他們企圖在路上將保羅殺死。非斯都認為必須按規矩審理此案，就沒有答應他們的請求，又說：「你們中間有權勢的人，與我一同下去，那人若有甚麼不是，就可以告他。」猶太人並未忘記前一次在該撒利亞的失敗，所以再度要求帶保羅到耶路撒冷受審。然而非斯都堅持要在該撒利亞舉行一次公正的審判，再次拒絕他們的要求。

　　既然計不得逞，猶太領袖便立即準備在法庭上的控訴。這次他們沒有聘請律師，乃要親自提出控告。在審訊的過程中，保羅鎮定地揭穿他們虛偽的控訴。非斯都也看出爭訟完全基於猶太人的教義，並不足以定保羅受監禁或處死的罪。但他曉得若不將保羅定罪，或交給他們，勢必引起暴亂。因此轉身問保羅是否願意在他的保護之下，到耶路撒冷受審。

　　保羅深知自己不可能從這群不義之徒的手中得到公正的審判，在外邦人當中反而較為安全。況且他已厭煩再三的爭訟和久懸不決的審訊，就決定使用他身為羅馬公民的權利，上訴於該

撒。非斯都對這請求感到詫異，在和議會商量之後，便答允他往該撒那裏去。

正如先知以利亞逃到撒勒法的寡婦家裏藏身一樣，上帝的僕人被迫離開猶太人，到外邦人中求保護。將來主的僕人亦要面臨同樣的危機與迫害，要面對同樣的仇恨與殘酷。凡欲在邪惡中事奉上帝的人，必須具有勇敢、堅毅、和忠誠；並要對上帝和祂的聖言具有深切的認識。撒但要用盡其欺騙的本事，影響人的心志，蒙蔽人的思想，顛倒善惡是非。上帝的子民越是忠貞，撒但的攻擊就越加猛烈。上帝渴望祂的子民為那即將來臨的危機早作準備；惟有那些生活符合上帝標準的人，才能在試煉和考驗中站立得穩。

一旦屬世的統治者與宗教界的領袖們聯合起來，在信仰自由的問題上進行獨裁，就必顯明誰是真正敬畏和事奉上帝的人。在黑夜極其幽暗之際，上帝的品格必發出極為燦爛的光輝。當一切屬世的倚靠盡失時，必能看出誰是堅心倚賴耶和華的人；神必降福於他們，也要成為他們可倚靠的大磐石。

41 「幾乎叫我作基督徒了」

「勝過世界的是誰呢？不是那信耶穌是上帝兒子的嗎？」

（約壹5：5）

　　保羅既要上訴於該撒，非斯都只得將他解送羅馬，但必須等找到合適的船隻，與其他囚犯一起同去。過了些日子，最後一個希律——亞基帕王，和百尼基氏，來到該撒利亞，訪問非斯都。他們在那裏住了多日，非斯都將保羅的事告訴他們，並述說保羅受審的經過。亞基帕王對此事甚感興趣，表示願意聽保羅的講論。

　　於是次日，非斯都就安排一次聲勢炫赫的集會，並邀請了城中的達官貴人，聯同眾千夫長，進入公廳提審保羅。當時巡撫和貴賓們身穿華衣，兵士的刀劍，再加上千夫長的甲冑，場面大為威耀。縱然他們擁有權勢、地位、以及世人的恭維，但內心卻是腐化，生活和行為皆不得上天喜悅。而帶著鎖鍊的保羅，外表簡樸，勢單力薄，但卻擁有全天庭的關懷與支持。

　　非斯都親自向眾人介紹保羅，說：「論到這人，我沒有確實的事，可以奏明主上。因此我帶他到你們面前，也特意帶他到你亞基帕王面前，為要在查問之後，有所陳奏。」於是亞基帕王准許保羅自由地申辯。保羅首先為能夠在王面前申訴表示榮幸，然後開始陳述自己悔改歸主的經歷，描述如何靠著主恩，從迫害信

徒變成忠實熱心的信徒。他又以清楚有力的話證明拿撒勒人耶穌乃是預言中的彌賽亞，如今忍受了十字架的苦難，勝過死亡得復活，並已升天得榮耀。他自己在大馬色城門口親眼看到被釘而復活的基督，又遵從祂的吩咐在猶太及遠方各地傳揚福音，勸勉各人悔改歸向上帝。

接著他說：「猶太人在殿裏拿住我，想要殺我。然而我蒙上帝的幫助，直到今日還站得住，對著尊貴卑賤老幼作見證；所講的，不外乎眾先知和摩西所說，將來必成的事；就是基督必須受害，並且因從死裏復活，要首先把光明的道，傳給百姓和外邦人。」眾人皆聚精會神地聆聽他的見證，正當他說到最高潮時，卻被非斯都打斷他的話，說他是癲狂了。

保羅回答說自己並非癲狂，乃是說明白話，而且膽敢向王直言，並問道：「亞基帕王啊！你信先知嗎？我知道你是信的。」亞基帕王深受感動，一時竟忘形地說：「你這樣勸我，幾乎叫我作基督徒了。」保羅答道：「無論是少勸，或多勸，我向上帝所求的，不但你一個人，就是今天一切聽我的，都要像我一樣。只是不要像我有這些鎖鍊。」

可惜亞基帕王還是拒絕接受主的恩典，在好奇心得滿足後，他從位上起來，結束了這次的會見。亞基帕王雖是猶太人，但沒有法利賽人頑固的熱心和盲目的偏見。他對非斯都說：「這人若沒有上告於該撒，就可以釋放了。」但這案件既已轉呈更高的法庭，就不是非斯都或亞基帕王權力可及的了。

42 海上航行遇險

「我們在一切患難中，祂就安慰我們，叫我們能用上帝所賜的安慰，去安慰那遭各樣患難的人。」（林後1：4）

保羅終於起程前往羅馬。根據路加記載，非斯都將保羅和其他的囚犯，交給一個名叫猶流的百夫長。當時除了准許路加同行之外，還有帖撒羅尼迦人亞里達古自願陪同，為要在保羅遭難時伺候他。於是保羅以被鎖的囚犯身分，坐船往義大利去，開始這漫長的海上航行。在第一世紀，航海多半靠太陽和星辰的位置指引行程。一旦太陽和星辰不出現，船主即不敢冒險出海。而每年的某一段季節，是不適宜出海航行的。

旅程順利地開始。次日在西頓的港口停泊時，百夫長猶流特准體弱的保羅到信徒家中，受他們照應。離開西頓之後，就遇到逆風，船被迫不能直行，因此前進緩慢。在呂家省的每拉找到一隻亞力山大的大船，百夫長即將囚犯轉到這船上。但風向依然不順，船隻寸步難行。他們沿岸行駛，來到一個叫佳澳的地方。因為冬季即臨，風勢並不順暢，行船危險，就被迫停留佳澳一段時期。

大家討論是否留在佳澳，或是趕到一個更好的港口過冬。百夫長詢問保羅的意見，保羅毫不猶豫地表示應當留在佳澳；但船客和水手們卻主張到非尼基去。百夫長決定依從多數人的意見，

乘著南風剛起，啟程往非尼基出發。不料未經多時，狂風颶起，船敵不住風而被颳到一個名叫高大的小島。水手們將救生船拉到大船上，以防救生船被撞毀。在小島旁只躲避了少許時候，就又被捲入狂風巨浪之中。他們在暴風雨中持續與大海奮戰，船隻出現漏水、桅杆折斷、帆篷破裂等現象，隨時都有瓦解沉船的可能。他們把船上的貨物和器具拋到海裏，只求安身保命。

在暗無日星的天空之下，他們飄盪了十四天之久。保羅雖然身受痛苦，但總以希望的話安慰人，並在危難中伸手援助。他的心恆切依賴上帝，深信神必保守他到羅馬為真理作見證。但他卻憐惜這些仍在罪中的可憐生靈，保羅懇求神保全他們的性命，而神也在夢中指示應允了他的祈禱。次日保羅趁狂風暫息之際，在甲板上將神應允保全各人性命之事告訴眾人。於是他們心中又生希望，繼續盡力與海搏鬥。

到第十四天午夜裏，水手們聽到海浪撞在礁石上的聲音，就以為接近旱地。到了清晨，依稀可見風雨中的海岸線，卻看不到任何陸地。水手們頗為沮喪，認為再無生機，便起了棄船而逃的念頭。他們假裝準備從船頭拋錨的樣子，其實早已將逃生小船放在海裏。保羅識穿他們的意圖，即刻告知百夫長，兵丁立即砍斷小船的繩子，杜絕他們棄船的打算。保羅再次勉勵眾人，又要大家都吃點東西，才可活命。然後他拿著餅祝謝了就擘開吃，船上的二百七十五人也都一同吃飯。吃飽了就把船上的麥子拋在海裏，為要叫船輕一些。

此時天色已亮，在模糊中他們發現一個可登岸的海灣。於是棄錨在海裏，向著岸順風飄去，但到了兩水夾流的地方，船就擱淺

了。兵丁們恐怕這些囚犯會逃跑，一旦囚犯不見了，負責看管的人必以性命抵罪。兵丁們竟想將他們全部治死，以免後患無窮。這計劃未被執行，因為百夫長猶流深知有主與保羅同在，眾人的性命才得以倖存。他吩咐會游水的先游上岸，其餘的人則利用板子或其他東西上到岸去。這樣，眾人都獲救上岸，一個也不缺。

他們得到米利大島的土人善意款待，在寒冷中生火接待眾人。當保羅拾起一捆柴放在火上時，有一條毒蛇，因為熱而出來，就咬住他的手。旁邊的人大為驚慌，以為保羅犯了罪而遭此天譴。但保羅把那毒蛇甩在火裏，沒有受傷。眾人「看了多時，見他無害，就轉說：他是個神。」他們在此島停留了三個月，保羅和同伴們利用各種機會宣揚福音。主藉著他們行了許多奇事，包括醫治島長部百流患熱病和痢疾的父親。島上其餘的病人，也來得了醫治。到開船離開的時候，一切航程所需用的，都為他們充足備妥。

43 在羅馬

「這樣，我在你們中間，因你與我彼此的信心，就可以同得安慰。」 (羅1：12)

航運一通，百夫長和囚犯們即搭乘亞力山大的船前往羅馬。雖然航程因逆風稍有延誤，總算平安抵達義大利海岸的部丟利港。有幾位基督徒住在這裏，就懇求保羅與他們同住七天。百夫長欣然批准這個請求。信徒們自接到保羅致羅馬人的書信以來，一直期盼他的來訪，但未料到他會以囚犯的身分與他們相見，也因他的受苦更加敬愛他。部丟利與羅馬城相距僅有一百四十哩路，彼此之間經常有交通來往，所以一些羅馬的信徒亦動身前來迎接他。

登岸後第八天，百夫長和囚犯啟程往羅馬去。儘管猶流樂意給予保羅各種便利，卻無法改變他的囚犯身分，也不能解除捆鎖他的鐵鍊。保羅以沉重的心情走向他長久希望訪問的城市，不知道自己要如何在被鎖和受辱的情形之下傳福音。這一批人到達距離羅馬四十哩的亞比烏市，在街道上受盡群眾的嘲諷和蔑視。忽然聽到一聲歡呼，有一人從人群中跳出來，熱淚盈眶地抱著保羅的頸項，如同兒子歡迎久別的父親一般欣喜。同樣的景象接二連三地重演，因有許多人認出這位白髮蒼蒼的囚犯，就是多年來

在各地講述永生之道的使徒。這種熱情的表現令保羅感到萬分欣慰，「就感謝上帝，放心壯膽」；覺得已經得到豐盛的報償了。於是以更堅穩的腳步和喜樂的心情繼續他的行程。他不埋怨過去，也不畏懼將來，只因能為基督受苦而喜樂。

到了羅馬，百夫長將眾囚犯交給御營的統領。他為保羅說的好話，以及非斯都寫的文書，使這位統領對保羅頗有好感。他不但沒有監禁保羅，反而准許他住在自己所租的房子裏。雖然必須和衛兵鎖在一條鍊子上，但卻可以自由接見朋友，為聖工的推進而效力。

保羅趁著羅馬城的猶太人未進行離間之前，在抵達羅馬三天時，就召集他們的領袖來，以簡單直接的方式說明自己為何以囚犯之身到羅馬。他以溫和審慎的言辭告訴他們自己並無犯罪，無奈猶太人不服，只好向該撒上訴。聽眾表示願意聽他講述信仰基督的緣由，於是在他們約定的日子，保羅從早到晚，向他們述說自己的經驗，並引摩西的律法和先知的書提出論據，證明上帝國的道。他教導眾人宗教並不在於禮節和儀式，或信條和理論；宗教乃是具有救人的能力，以及能夠更新改造心靈的真實經驗。

保羅聲稱自己在尚未悔改之前，已經認識基督，卻對主無真正的體認，以致拒絕相信拿撒勒人耶穌。悔改之後，他才以信心看見祂，在屬靈裏認識基督，與主密切交往。這些話感化了許多誠心追求真理的人，但也有其他頑梗不化的人拒絕接受這見證。保羅到達羅馬之後，耶路撒冷的猶太人沒有馬上到那裏去控告他。因為過去的屢次失敗，他們決定延遲一段時日，好好計劃對策，才親自到羅馬呈上控訴。在神的安排下，這遲延竟促進了

福音的進展。保羅獲准住在一所寬大的房子裏，得以自由接見朋友，以及每天向聽眾講述真理，長達二年之久。在這段期間，他並沒有忘記他在多處所建立的教會，盡量以書信勸勉和教導他們。他又從羅馬差遣獻身的工人出去，不但探訪這些教會，也到其他新的地區從事工作。保羅與這些工人保持書信的連絡，得知各教會的情形，從中監督和照顧他們的需要，如此他反而發揮了更廣泛的影響力。他既為基督受苦，他的勸誡和教訓就更受人重視及尊敬。他在被囚中的勇敢與信心，更加激勵弟兄們的忠誠與熱心。

保羅在羅馬時的助手，多半是從前的同工伙伴。「親愛的醫生」路加從到耶路撒冷，在該撒利亞被囚的兩年中，往羅馬的危險航程，直到住在羅馬，都一直與他作伴。除了提摩太在他身邊服事之外，還有推基古、底馬、馬可、亞里達古和以巴弗等人忠心地幫助他。馬可親自看見基督手腳上的釘痕，加深了對信仰的經驗。在面臨嚴酷的磨難中，仍能堅貞不移地作保羅的助手。但底馬卻「貪愛現今的世界」而離棄了聖工。

在獻身於主的那群人中，有一個名叫阿尼西母，原是信奉異教的奴隸，因得罪了他的主人——歌羅西的基督徒腓利門，而逃到羅馬。保羅先解救他的貧窮和苦難，然後將真理傳給他。阿尼西母就悔改歸信基督，接受福音。從他的敬虔和熱心事奉上，保羅看出他可成為佈道工作的得力助手。於是勸他回到腓利門那裏去，請求他的饒恕。此時保羅正要派遣推基古帶信給小亞細亞的各教會，所以就差阿尼西母與他同去。保羅讓阿尼西母帶信給腓利門，在信中請求腓利門原諒這位悔改的奴僕，並表示希望將他

留下伺候自己。保羅也願意承擔阿尼西母所負的債，替他償還一切。按照當時的習俗，主人有全權控制奴隸的身心，而且可以任意處置他們。保羅如此作，不但推翻了佔有奴隸的羅馬制度，而且表現出基督對悔改之罪人的愛心。耶穌為我們付上了贖罪價，使我們得赦免。奴僕悔改之後，就成為基督身上的一個肢體，與主人同享神恩，同作福音的後嗣。不論君臣或主僕，既然在同一寶血裏得潔淨，並受同一聖靈澆灌，就在基督裏結為一體。

44 該撒家裏的人

「我為這福音受苦難，甚至被捆綁，像犯人一樣。然而，上帝的道卻不被捆綁。」（提後2：9）

　　福音工作素來是在卑微窮苦人中比較有成效，而那些富有與尊貴的人，則甘心沉湎在五光十色的誘惑中。孤寂可憐的保羅，只能在禁閉的寓所裏，向那些上門找他的人宣講真理。既然不得公開傳道，就無法期望能夠得到高階層的羅馬公民注意。這時羅馬乃是歐西世界的都市，傲慢的該撒，根本沒有把拿撒勒耶穌放在眼裏。

　　他的生活墮落，凶惡的性情使他像是受了撒但印記的君王；整個宮廷上下充滿荒淫和腐化。然而神卻奇妙地引領，在短短兩年不到的時間，使福音從囚犯的陋室，一直傳到帝國的宮廷裏。

　　從該撒（又名尼羅）的家中有人竟然來聽保羅的講道，並且悔改信主，加入了教會。這些人不是暗地，而是公開地作基督徒，並不以信奉耶穌為恥。而且他們歸主之後，仍然留在該撒家中，不因改變信仰而離開崗位。他們在那裏相信真理，就留在那裏為真理作見證。

　　當眾教會聽說保羅要訪問羅馬時，他們曾期待使徒能在該城成功地引領多人歸向基督。但後來聽到保羅以囚犯的身分前去

羅馬，就粉碎了他們的希望。人的期望雖然斷絕，但神的旨意卻必成全。宮廷之所以注意基督教，並不是由於保羅的講道，而是因為他的囚禁。在長期不公平的監禁之中，他所表現的忍耐、喜樂、勇敢、和堅強的信心，乃是一種活生生的說教，證明有超乎世俗的能力與他同在。由於他的榜樣，鼓舞了其他基督徒以更大的力量，去維護保羅所退出的佈道工作。以致當他無法有所作為時，仍能為基督收集禾捆。

在試煉中的溫柔，也可與勇敢一樣的領人歸主。在哀慟和苦難中表現堅忍和愉快精神的基督徒，可為福音成就更大的果效。往往當上帝的僕人退出工作崗位時，我們無法明白神的安排。殊不知神要藉此成就一番其他方法所不能成就的工作。跟從基督的人，切莫以為一旦他不再為神公開而積極工作時，就不能再作任何服事，也不能再得甚麼報償。須知上帝絕不遺棄任何為祂工作的人；不論是生或死，是健康或患病，上帝仍要使用他們。當基督的僕人遭受逼迫，工作受阻，甚至犧牲受死時，可能就是真理得到更大勝利的時候。這些忠心之士，以鮮血印證他們的信仰，從殉道的屍灰中為神生出豐盛的莊稼。

若有人想以環境不適為藉口，不為基督作見證時，應當多思想那些生活在該撒家裏的信徒。雖然處境惡劣，依然保持他們的忠貞。凡專心事奉上帝的人，必定尋求並把握機會為祂作見證。凡決心先求神的國和義的人，必不受困難攔阻，藉著祈禱和讀經得力量，放棄罪惡，追求高尚的德行。信實的主，已經應許賜予幫助和恩典，應付各樣的困境。凡信靠祂的人，都必得蒙祂的眷佑。基督徒活在世上乃是要遵行天父的旨意，尋找拯救失喪的

人。若有此目標，便能在任何環境中站立得穩，不受沾染。遭受挫折和反對，能使基督徒更加警醒，更加懇切地倚靠神的大能。藉著試煉，培植忍耐和堅毅的品德，在苦難中得剛強，從屈服中得勝利。雖然冒死，卻仍存活；雖然背負十字架，卻得獲永生的冠冕。

45 寄自羅馬的書信

「從前你們是暗昧的，但如今在主裏面是光明的，行事為人就當像光明的子女。」（弗5：8）

　　保羅在他早期的基督徒經驗中，曾「被提到第三層天上去」「到樂園裏，聽見隱秘的言語」，因此他能充分地「明白基督的愛，是何等長闊高深。」（弗3：18）他不能將異象中所看見的事都告訴人，免得遭人誤用。但這些啟示形成了他晚年傳給眾教會的信息，為眾教會帶來幫助與力量。保羅勸勉眾教會「不再作小孩子，被一切異教之風搖動，飄來飄去」；應要「在真道上同歸於一，認識上帝的兒子，得以長大成人，滿有基督長成的身量。」又勸那些在異教中跟隨主的人，「不要再像外邦人存虛妄的心行事」；卻要「謹慎行事，不要像愚昧人，當像智慧人；要愛惜光陰。」這些出自上帝能力所寫出來的信息，記載著各教會所當遵循的原則，並說明了踏向永生的途徑。

　　致歌羅西教會的書信，乃是保羅在羅馬作囚犯時所寫的。以巴弗將歌羅西信徒的堅貞與愛心告訴保羅，使他甚感欣慰。他寫道：「我們自從聽見的日子，也就為你們不住的禱告祈求，願你們在一切屬靈的智慧悟性上，滿心知道上帝的旨意；好叫你們行事為人對得起主，凡事蒙祂喜悅，在一切善事上結果子，……得

以在各樣的力上加力，好叫你們凡事歡歡喜喜的忍耐寬容。」在此，保羅指明基督徒若能在認識神的知識上不斷長進，必可「與眾聖徒在光明中同得基業。」

保羅在信中高舉基督為大能的創造主，又是成就救恩的救贖主。祂道成了肉身，住在我們中間，並藉著十字架的犧牲，擔當世人的罪。歌羅西的信徒為異教的邪風惡俗所包圍，容易受引誘偏離正道；所以保羅警戒他們要以基督為嚮導，抵禦一切迷惑和假師傅的妄言。撒但利用假師傅所傳的謬道動搖人心，製造混亂。在使徒時代，人們企圖藉著遺傳和哲學破壞聖經的信仰，今日撒但也照樣企圖利用「新神學」──進化論、招魂術、通神學、及汎神主義，設法引誘人步入歧途。跟從基督的人應以聖經為神向他講話的聲音，時常以上帝的真理作為沉思默想的題旨，就必得著能夠改塑品格的知識，按照基督的形像作新造的人。上帝的聖言是建造品格的唯一方針。保羅勉勵歌羅西的信徒們「要思念上面的事，不要思念地上的事。」

「若有人在基督裏，他就是新造的人；舊事已過，都變成新的了。」（林後5：17）這種改變是神蹟中的神蹟，也是真道最深的奧祕之一。我們無法理解，只有相信。當上帝的靈掌管人的心思意念時，重生的人就能唱出得勝的新歌，因為他的罪已蒙赦免，在基督裏因信得稱義。但他不可因此自滿，必須每天重新獻身，靠著基督的力量得勝。保羅又勸勉他們：「既是上帝的選民，聖潔蒙愛的人，就要存憐憫、恩慈、謙虛、溫柔、忍耐的心。……總要彼此包容、彼此饒恕……要存著愛心，愛心就是聯絡全德的。」這教訓說明了基督徒在生活上應有的崇高宗旨和目

標。可惜在我們的心思意念中，世俗的成分太多，天國的成分太少。基督徒在追求神為他所定的理想時，絕不可灰心失望；乃要信靠耶穌為能力與生命的源頭，「得以在各樣事力上加力」。

保羅在羅馬被囚時，腓立比教會託以巴弗提帶一些禮物給他。在各教會中，腓立比教會乃是最慷慨供給保羅需要的。以巴弗提在羅馬生了一場重病，令保羅和信徒們十分擔憂。病癒之後，保羅即寫了一封致腓立比人的書信，差派他到腓立比教會與弟兄相見，免除他們的掛念。保羅在信中稱讚腓立比人「是同心合意的興旺福音。」又說：「我所禱告的，就是要你們的愛心，在知識和各樣見識上，多而又多；使你們能分別是非，作誠實無過的人，直到基督的日子；並靠著耶穌基督結滿了仁義的果子，叫榮耀稱讚歸與上帝。」

在信上保羅告訴腓立比的弟兄們，他的監禁反而叫福音更興旺，使在主裏的信徒更加放膽傳講上帝的道。由此顯示了上帝奇妙的行事方法，祂往往能從失敗和災難中引出勝利。人常會忘記上帝，只看見眼前的事物，而不用信心的眼睛注視那看不見的事物。不幸與災禍亦是神的一種管教，基督徒有時在苦難中能成就的事，可比平常更多。保羅向他們指出基督為生活的模範：「祂本有上帝的形像，……反倒虛己，取了奴僕的形像，成為人的樣式；……就自己卑微，存心順服，以至於死，且死在十字架上。」他又勸勉道：「當恐懼戰兢，作成你們得救的工夫。……使你們無可指摘，誠實無偽，……作上帝無瑕疵的兒女；……好像明光照耀，將生命的道表明出來。」

得救的工夫乃是神人共同進行的合作。人必須完全倚賴上

帝,努力制勝一切阻撓障礙。人若沒有神的能力,必不能成事。抗拒試探之心出於人,但人必須從神那裏取得能力。上帝希望我們有自主權,若不得我們的同意與合作,神不會勉強我們接受祂的幫助。凡願作真正基督徒的人,必須每日學習攻克己身,全心全意地奉獻和實行一切。他必須像保羅一樣地「忘記背後努力面前的,向著標竿直跑,要得上帝在基督耶穌裏從上面召我來的獎賞。」

保羅一直孜孜不倦地到處宣揚十字架的故事,引領多人悔改相信福音,並且建立教會。他經常看顧這些教會,寫了許多訓勉的書信給他們。而且也從事手藝,供給自養。在他一生的忙碌中,堅定不移地高舉髑髏地十字架上的主耶穌。這同一宗旨也要引導我們完全獻身為上帝服務。

在末了,保羅勸勉腓立比人:「你們要靠主常常喜樂;……應當一無罣慮;只要凡事藉著禱告、祈求、和感謝,將你們所要的告訴上帝。上帝所賜出人意外的平安,必在基督耶穌裏保守你們的心懷意念。弟兄們!我還有未盡的話;凡是真實的、可敬的、公義的、清潔的、可愛的、有美名的;若有甚麼德行,若有甚麼稱讚,這些事你們都要思念。」

46 恢復自由

「所以我們可以放膽説：主是幫助我的，我必不懼怕；人能把我怎麼樣呢？」（來13：6）

保羅在羅馬的工作得蒙賜福而引領多人悔改，使眾信徒大得勉勵。但此時卻危機四伏，不僅威脅著他的個人安全，而且也影響教會的興盛。原本看守他的御營統領，寬待保羅可以自由地傳揚福音。在被囚未滿兩年時，卻撤換了統領，使徒亦不敢奢望繼續得到特別的待遇。就在此時，猶太人找到尼羅的第二任妻子成為反對福音的得力幫兇。她是個荒淫的婦人，是由異教改信猶太教的，並盡力協助謀害保羅的毒計。尼羅本身是個道德墮落、品格輕浮、兇殘成性的統治者。在位的第一年，就毒死原皇位的合法繼承人，亦是他的異母兄弟。後來甚至謀弒生母，殺害妻子，到了無惡不作、罪大惡極的地步，引人憎惡和鄙視。甚至連與他同流合污的人，也感到厭惡。但是臣民依然效忠於他，居然將他奉為神明來敬拜。

在重重的危險包圍之中，保羅仍然堅信在神的庇護下，必無需畏懼猶太人的仇恨和該撒的權勢。結果在受審之時，控告他的罪狀未獲證實；並且出乎意料之外，尼羅竟然主持正義，宣佈被告無罪。保羅終於得到釋放，重獲自由。這一切乃是神的安排所

得到的結果。當時保羅被囚，反而使信教的人數激增，引來當局的忌恨。皇帝也因家中有人改信基督教而震怒，便找藉口對基督徒進行迫害。

約在此時，羅馬城起了一場大火，城內房屋幾乎焚燬過半。人們盛傳尼羅親自下令縱火，然後又栽贓嫁禍到基督徒的身上。結果成千上萬的基督徒慘遭處死。保羅在得釋放之後即離開了羅馬，而倖免遭受這次的災難。他繼續利用這段自由時期為各教會努力作工，設法在希臘和近東地帶的教會之間建立信徒的信心和契合。

保羅在考驗和磨難中體力大受損壞，同時又年老力衰。他感覺到自己的時日無多，便更熱誠地努力工作。他以剛強的信心走遍各教會，教導更多信徒忠心作工，引人歸向基督，以便在面臨考驗的時候，依然能站立得穩，為主作忠心的見證。

47 最後的被捕

「若為作基督徒受苦，卻不要羞恥，倒要因這名歸榮耀給上帝。」（彼前4：16）

　　保羅在羅馬獲無罪開釋之後，他在眾教會中間的工作遭受敵人的注意。從尼羅的逼迫開始之後，基督徒在各地失去保護，流離失所。過了一段時期，不信的猶太人將煽動焚燒羅馬城的罪名加在保羅身上，令他再度被補入獄。在第二次被解往羅馬的行程中，有以前的幾位同伴陪著。雖有其他的人願與他共患難，保羅卻不肯讓他們冒性命的危險。由於尼羅的逼迫，使羅馬城基督徒的人數大為減少。成千的人為道殉身，許多人均逃往他城，只留下少數的信徒受壓迫和威脅。

　　在抵達羅馬之後，保羅即被關禁在幽暗的牢獄裏，直到人生的盡頭。由於被誣告教唆縱火之罪，使徒遭到公眾的辱罵。這時，在他身邊的朋友開始消失。有些人遺棄他，有些則因有任務在身，奉派前往各教會工作。腓吉路和黑摩其尼最先離去，後來又有底馬的離棄。保羅差派革勒士到加拉太教會去，提多往撻馬太去，和推基古往以弗所去。當時保羅因年老、辛勞、和患病而身體衰弱，又被囚在潮濕陰暗的地牢裏，更需要弟兄們的伺候。所幸有忠心的路加一直陪伴著，不但帶給保羅莫大的安慰，並成

為他和外界交通的橋樑。

在痛苦中還有以弗所人阿尼色弗,屢次到獄中探視保羅,不惜作一切努力要減輕保羅所受的苦楚。神賜給人有追求愛心和同情的渴望。正如耶穌在客西馬尼園最後的時辰中,亦切望得獲門徒的支持。保羅在表面上雖不以患難痛苦為念,卻也渴慕同情和友誼相隨。阿尼色弗的忠義善行,使保羅在最孤獨之時,得到喜樂和安慰。

48 保羅在尼羅面前

「主知道搭救敬虔的人脫離試探，把不義的人留在刑罰之下，等候審判的日子。」（彼後2：9）

當保羅被傳到尼羅皇帝面前受審時，知道罪狀嚴重，就不存任何生還的希望。按照羅馬和希臘人的慣例，被告有權僱請律師為他出庭辯護，使囚犯得有減刑或脫罪的機會。但在此時卻無人敢出面作保羅的顧問或律師，也沒有朋友在場為他記錄控訴的罪狀和他辯護時所提出的論據。在羅馬的基督徒當中，竟無一人在苦難的時辰肯站出來支持他。

關於那一次審訊，惟一可靠的記錄，乃是保羅在寫給提摩太的第二封書信裏親自留下的。他寫道：「我初次申訴，沒有人前來幫助，竟都離棄我；但願這罪不歸與他們。惟有主站在我旁邊，加給我力量；使福音藉我盡都傳明，叫外邦人都聽見；我也從獅子口裏被救出來。」（提後4：16、17）

尼羅這個傲慢的君王，在屬世的權、財、勢各方面，皆達到巔峰之境，但同時他的罪行卻落入最低的深淵。他的雄大乃是蓋世無雙的；無人敢質疑他的威權，或抗拒他的意旨，千萬人皆俯伏於他腳下。相反地，年邁的保羅，沒有金錢的資助，沒有朋友的支援，依然一無所懼地高舉十字架的旗幟。他的容顏顯明與神

和好的心,雖然一生貧困克己,又遭人誤解、責難、和凌辱,卻與基督一樣,獻身於造福人群。這和荒淫無度的暴君尼羅,是何等鮮明的對照啊!

群眾擁擠在大廳裏要聽看審訊的情形。猶太人仍舊以煽動叛亂和製造異端的罪名控訴保羅,同時又聯同羅馬人控告他有教唆焚城之嫌。保羅始終保持鎮定的態度,連審判官也看不出他有罪。當他獲准為自己申訴時,他再次高舉十字架的旗幟。當他看到群眾中有猶太人、希臘人、羅馬人、以及來自各地的外國人時,心中不禁要向他們傳述真理。他無視眼前的危險與厄運,只看見耶穌在天父面前作中保,為罪人代求。保羅以超人的口才和能力向聽眾傳講救主犧牲的福音,並聲明將來世人的善惡行為必要在神面前展露無遺。

保羅就這樣站立在不信之人中間,作上帝忠貞的代表。他因無罪的良心而剛強壯膽,為真理作見證。眾人「見他的面貌,好像天使的面貌。」他的話感動人心,令人折服。真光照耀在許多人的心中,後來也使多人欣然跟從這光。那一天所講述的真理震憾列邦,流傳萬代。甚至尼羅也對這番話戰慄,深怕自己的惡行必要受到公義的報應。他懼怕保羅的上帝,遲遲不敢判決使徒的罪。天國的門一時向這罪行滿貫的尼羅敞開了,在那片刻之間,天上向他發出慈憐的邀請。可惜他沒有把握這接受救恩的機會,並命令將保羅帶回牢中。因此悔改之門對這位羅馬皇帝永遠關閉,天上的亮光亦不再照亮籠罩他的黑暗。

事過不久,尼羅遠征希臘,在那裏因卑鄙荒淫而使自己和國家蒙受羞辱。他返回羅馬與群臣縱慾狂歡之際,竟發現叛軍首領

革爾霸率軍逼近羅馬。城內一時混亂不堪，暴徒怒氣洶洶的要索他的性命。這位暴君惟恐遭他們折磨，便想設法自盡。可是又無勇氣自行了斷，只好可恥地逃出城外，藏匿在幾哩外的別墅中。不久他的藏身之處被人發現，在追兵將臨之時，叫奴僕協助他自殺身亡。一代暴君死時，正值三十二歲盛年之際。

49 保羅最後的書信

「你當竭力在上帝面前得蒙喜悅,作無愧的工人,按著正意分解真理的道。」(提後2:15)

保羅從該撒的審判廳回到牢房中,深知自己只是得到短暫的緩刑,也知道仇敵們不會就此罷休。但他覺得能夠當著大庭廣眾面前宣揚被釘而又復活的救主,實在是為真理贏取了一場勝利。當他日復一日地坐在幽暗的牢房裏,知道自己時日無多時,便想見與他共經患難又情同父子的提摩太。當時提摩太奉命留在以弗所照顧教會。如今年邁力衰的保羅,在孤寂中渴望見他一面。所以決定差人去請他前來會面。但是從小亞細亞到羅馬,最快也需要數月的時間。保羅深恐他不能及時趕來,就著手寫這封書信;一方面催促他盡快前來,一方面也記下對提摩太委以重任的勸勉和訓示。

在信中開頭的幾句問候之後,保羅隨即囑咐提摩太在信仰上要堅定不移。他寫道:「因為上帝賜給我們,不是膽怯的心;乃是剛強、仁愛、謹守的心。你不要以給我們的主作見證為恥,也不要以我這為主被囚的為恥;總要按上帝的能力,與我為福音同受苦難。」又肯定地說:「我為這福音奉派作傳道的,作使徒,作師傅。為這緣故,我也受這些苦難;然而我不以為恥;因為知

道我所信的是誰，也深信祂能保全我所交付祂的，直到那日。」無論何時何處，保羅都毫不畏縮地效忠事奉救主。他繼續說：「我兒啊！你要在基督耶穌的恩典上剛強起來。……好像基督耶穌的精兵。」

忠實的傳道人絕不規避困難或責任，要從上天領取力量，得以應付並勝過試探。他的心靈渴慕為主服務，履行神所交託的本分，並在基督徒的歷程上，將所領受的知識傳授給忠心的信徒，叫他們再去教導別人。他明白的指示提摩太：「你要逃避少年的私慾，同那清心禱告主的人追求公義、信德、仁愛、和平；……不可爭競，只要溫溫和和的待眾人，善於教導，存心忍耐，用溫柔勸戒那抵擋的人；或者上帝給他們悔改的心，可以明白真道。」保羅又警告提摩太務要防備設法潛入教會的假師傅：「有敬虔的外貌，卻背了敬虔的實意；這等人你要躲開。」他教導提摩太當以聖經為武器，裝備好自己從事善惡之爭鬥。我們必須以真理束腰，以公義護胸，手拿信德的籐牌，頭戴救恩的頭盔，用聖靈的寶劍，就是上帝的道，從諸般罪惡和阻礙之中打一場美好的仗。

保羅知道教會將面臨一段危險時期，他勸導牧養教會的人：「務要傳道；無論得時不得時，總要專心；並用百般的忍耐，各樣的教訓，責備人、警戒人、勸勉人。」身為福音的工作者，不可傳人的虛談和習俗，要隨時準備，不論是在大會前或私人家中，在路旁或在爐邊，向朋友或向仇敵，在平安或在危難時，都要為上帝作見證。不但要恨惡和譴責罪惡，並要憐憫和恩待罪人。我們不可對有過失的人過於嚴厲，應以基督化的忍耐和仁愛

勸導他們。福音的使者往往會因寬恕犯錯的人而變成容許或參與罪惡,以致對教會造成更大的危害。

許多自稱為基督徒的人,自認有資格教導別人。他們恃賴屬世的智慧,輕蔑聖靈的感動,並厭棄聖經的真理,就偏離神所要求的條件。這等人隨從自己的意向,不願聽那譴責他們罪惡和行為的道理。因此有些傳道人只傳講人的意見,不傳講上帝的聖言,而引人誤入歧途,遠離正道。

上帝在律法中訂下完全的人生標準。基督來乃是要成全律法,在生活上留下順從上帝律法的榜樣。這律法是建立在愛神與愛人的廣大基礎上。耶穌在山邊寶訓中說明律法要求超越外表的行為,而且注重內心的思想和意向。人若順從律法,就必「除去不敬虔的心,和世俗的情慾,在今世自守、公義、敬虔度日。」(多2:12)唯一可糾正罪惡的方法乃是從聖經中找到指南,從上帝的聖言中尋求神聖的旨意。保羅繼續囑咐說:「你卻要凡事謹慎,忍受苦難,作傳道的工夫,盡你的職分。」他知道自己即將行完當走的路,就希望由提摩太繼承他的工作,克盡傳道的職分。保羅的一生充滿深切的責任感,無論在任何境況下,都能奮勇忠誠的為主服務。他時刻以救主的愛為動機,以基督的十字架為成功的唯一保證。

今日教會所需要的,乃是像保羅一樣的工人;是一群聖潔而願意自我犧牲的人,是有基督在心裏又願意傳道的人。這些人不畏艱難,不逃避職責,是勇敢而真誠的基督精兵。如今我們的青年人是否願意肩負這神聖的委託呢?是否願意順從這神聖的呼召呢?在結束這封書信時,保羅再度催促提摩太儘早來見他,又說

明已差派推基古去填補他在以弗所教會的空缺。最後，他述説自己在尼羅面前受審的情形，弟兄的遺棄，以及上帝的恩典如何支持他；又將提摩太交託給「牧長」保護，便結束他的書信。

50 被定死罪

「那美好的仗我已經打過了，當跑的路我已經跑盡了，所信的道我已經守住了。從此以後，有公義的冠冕為我存留，……」（提後4：7、8）

當保羅在尼羅面前受最後審判時，皇帝曾被他的言詞所感動而遲遲不予判決。可是不久卻因無法遏止基督教的擴展，甚至延及皇室家裏的人，就大為震怒，於是尼羅宣判保羅死刑。只因他是羅馬公民，不能施以酷刑，所以判處斬首。保羅被秘密地解往刑場。因為怕有人因他的處刑而皈依基督教，只有少數人獲准在場。保羅的一生，直到最後一刻，始終堅貞不移的倚靠基督。他說：「我們有這寶貝放在瓦器裏，要顯明這莫大的能力，是出於上帝，不是出於我們。我們四面受敵，卻不被困住；心裏作難，卻不至失望；遭逼迫，卻不被丟棄；打倒了，卻不至死亡；身上常帶著耶穌的死，使耶穌的生，也顯明在我們身上。」（林後4：7－10）

他表現的饒恕精神、堅定的信心、和天賜的平安，散發叫人活的香氣，深深吸引在場看見他殉道的人信從福音。當時接受福音的人，過了不久也大無畏地為道流出鮮血來。凡與保羅接近的人，都能感受他與基督聯合的影響。他聖潔的生活具有自然的感

化力，使他所傳講的道折服人心。

　　在最後的時刻，保羅對那幾個陪伴他到刑場的基督徒，再三述說主所賜給為義受逼迫之人的應許，藉以勉勵他們。當他站在刑場上，他沒有看著劊子手的刀，也不看那即將濺滿他鮮血的地方；只全心仰望那偉大的將來，瞻望永生上帝的寶座。他看到雅各異象中那代表基督的梯子，將天和地，將有限的人和無限的上帝連接起來。當他回想到諸先祖和眾先知如何倚賴神的大能與安慰時，信心亦愈加堅強了。他從古聖先賢的見證中得到保證，確知上帝是信實的，必要與他同在。

　　保羅既因基督的犧牲得救贖，在祂的寶血中得潔淨，他的生命就與基督聯合，深信勝過死亡的主必能保守他。因此在劊子手刀落時，他的思想都集中在主的復臨上，看見那復活的清晨，迎見賜生命的主的喜樂。自從年邁的保羅為義殉身至今，無人據實記錄這位聖人最後的生活史，只有聖經保存他臨死的見證。他的言語像嘹亮的號筒聲流傳萬世，他的勇氣激勵了千萬人為基督作見證。

51 忠心的牧者

「你們既作順命的兒女，就不要效法從前愚昧無知的時候，……你們在一切所行的事上也要聖潔。」（彼前1：14、15）

使徒行傳對使徒彼得晚年的工作記載甚少。在早期的基督教會中，彼得身上肩負著牧者的重任，不單要忙於向不信的人傳道，同時也要牧養已信主的信徒，加強他們的信心。彼得是在洞悉自己的軟弱，真心悔改，並學會捨己和完全倚靠基督之後，才重新獻身給主。從耶穌最後與門徒在海邊相聚時，三次問彼得：「你愛我嗎？」就顯明基督向傳道人所提出的服務條件。知識、口才、和熱誠，都是從事聖工所不可或缺的資格，但心中若沒有基督的愛，就不能作上帝羊群的忠心牧者。基督的愛並不是一種間歇發作的感情，而是一種活潑的原則，表現心中恆久的原動力。基督在那時就恢復了彼得在十二門徒之中的地位，指派他餵養主的羊群。彼得雖然曾經否認主，但耶穌對他的愛始終不變。當他向別人傳道時，也要以忍耐、溫慈、和饒恕之愛對待每一個犯錯的人；要學習憑愛心責備人，在擊傷時加以醫治，在警戒中保留希望。

彼得在傳道時，忠心地看守所交付他的羊群。他經常高舉耶穌為以色列的希望和人類的救主。他敬虔的榜樣與不倦的努力，

激發了許多有為的青年獻身從事傳道工作。因此他一方面致力於猶太人的傳道工作，一方面又在各地區為主作見證，引領多人接受福音。在他傳道的晚年，受感動寫下給「那分散在本都、加拉太、加帕多家、亞西亞、庇推尼寄居的」信徒兩封書信。在信中他鼓勵遭受磨練和苦難之人的勇氣，加強他們的信心，並促使這些人重新從事善工。這兩封信顯明彼得已完全被主恩感化，而且對永生指望也是堅信不渝。

年邁的主僕在第一封信的開頭，就向神獻上感恩與讚美，他寫道：「藉耶穌基督從死裏復活，重生了我們，叫我們有活潑的盼望，可以得著不能朽壞、不能玷污、不能衰殘、為你們存留在天上的基業。……因此，你們是大有喜樂，但如今，在百般的試煉中暫時憂愁；叫你們的信心既被試驗，就比那被火試驗仍然能壞的金子更顯寶貴。」彼得力圖教導信徒要保守思想，以免耗費心力在不重要的題旨上。務須不讀、不看、不聽任何足以引起不潔思想的事物，忠心地防守己心。

彼得說：「所以要約束你們的心，謹慎自守，專心盼望耶穌基督顯現的時候所帶給你們的恩；……那召你們的既是聖潔，你們在一切所行的事上也要聖潔；……當存敬畏的心，度你們在世寄居的日子；脫去你們祖宗所傳流虛妄的行為，不是憑著能壞的金、銀等物；乃是憑著基督的寶血，……叫你們的信心和盼望，都在於上帝。」救贖的計劃乃是以犧牲為基礎，靠賴基督的寶血，使違背律法的罪人得救。

彼得又吩咐說：「你們既因順從真理，潔淨了自己的心，以致愛弟兄沒有虛假，就當從心裏彼此切實相愛。」由於這愛是

出自上天的，必能彰顯高尚的動機和無私的行為；使人藉著「上帝活潑常存的道」蒙重生，當上帝的真理藉著聖靈銘刻在人的心版上時，必能激起與神合作之意念。那不能壞的種子——上帝的道，已藉著基督撒在人的心裏；及至祂升天之後，門徒的悟性才醒覺過來，明白祂所說過的許多教訓。這樣祂生活的奇妙經驗，也就成為他們的經驗，他們亦成為這「道」的見證。彼得勉勵信徒要研讀並正確地明白聖經，藉此為永生作好準備。在患難和試探中，聖經的應許必能安慰和加強他們的信心。他宣稱：「草必枯乾，花必凋謝；惟有主的道是永存的。所傳給你們的福音就是這道。」

彼得對這些住在異教人中間的信徒強調作基督徒的特權，他寫道：「你們是被揀選的族類，是有君尊的祭司，是聖潔的國度，是屬上帝的子民；要叫你們宣揚那召你們出黑暗入奇妙光明者的美德。……你們是客旅，是寄居的；我勸你們要禁戒肉體的私慾，這私慾是與靈魂爭戰的。你們在外邦人中，應當品行端正，叫那些毀謗你們是作惡的，因看見你們的好行為，便在鑒察的日子，歸榮耀給上帝。」對於政府當局，他勸導信徒們當持順服的態度，「務要尊敬眾人，親愛教中的弟兄，敬畏上帝，尊敬君王。」使徒又勸告僕人當服從主人，不但「順服那善良溫和的，就是那乖僻的也要順服。」要跟隨主所留下的榜樣，立志行善，忍耐到底。

彼得在信中勸告信主的婦女要言行貞潔，服裝樸實，「不要以外面的辮頭髮、戴金飾、穿美衣為妝飾；只要以裏面存著長久溫柔安靜的心為妝飾；這在上帝面前是極寶貴的。」在真基督

徒的生活中，外表的妝飾要與內在的聖潔相稱。克己犧牲乃是基督徒生活的特徵。愛美之心原是正當的，但上帝希望我們先愛慕並追求那高尚又永不朽壞的內在美。任何外表的妝飾，都比不上「溫柔安靜的心」之可貴。

　　當使徒展望到教會將面臨的危難時，他寫到：「親愛的弟兄啊！有火煉的試驗臨到你們，不要以為奇怪，倒要歡喜；因為你們是與基督一同受苦，使你們在祂榮耀顯現的時候，也可以歡喜快樂。」試煉乃是基督所施的一種教育，為要煉淨除去一切屬世的渣滓。神的兒女要藉著試驗和障礙發現自己的缺點或軟弱，在苦難的火焰燃燒之下，得以煉淨，並克服這些弱點，從事更大的服務。神所容許臨到祂兒女的每一種患難，都可造就他們在今世和永生所不可或缺的利益。祂必煉淨教會，如同基督在世上潔淨聖殿一樣，使他們得蒙更深的虔誠和更大的能力，去推進十字架的勝利。

　　彼得論及長老的責任，說道：「務要牧養在你們中間上帝的群羊，按著上帝旨意照管他們；不是出於勉強，乃是出於甘心；也不是因為貪財，乃是出於樂意。……作群羊的榜樣。到了牧長顯現的時候，你們必得那永不衰殘的榮耀冠冕。」在殷勤看守教會的羊群之際，要以勉勵、堅固、並提高他們的心志。主現今所需要的忠心牧者是不過分誇讚、亦不苛刻相待，而要以生命之糧餵養羊群。他們在生活中每日領受聖靈更新的能力，對會眾懷有堅毅無私的愛。在應付教會中的各種問題和爭端時，要機智地以基督的精神將事情妥善處理。不但在講台上，也要藉著個人的接觸，發出忠心的警告，責備罪惡，糾正錯誤。傳道人若只揀選不

需要克己犧牲的部分，或單滿足於講道，而將個人的佈道工作留交別人，他的工作必不蒙神悅納。

一個真牧人必擁有忘我的精神，藉著講道和探訪了解信徒的需要、痛苦、和困難。他願意分嘗他們的艱難，安慰他們的苦惱，救濟他們靈性上的飢餓，引領他們的心皈依上帝。羊群中較為年輕的成員，應當學習長者的榜樣。彼得教導他們「要以謙卑束腰，彼此順服；……要將一切的憂慮卸給上帝，因為祂顧念你們。務要謹守、警醒。」

在教會受到特殊考驗的時候，彼得寫這封信給眾信徒。不久之後，教會將要經歷一段可怕的逼迫時期，許多作教師和領袖的人將為福音捨命。然後又有兇狠的豺狼進來，糟蹋羊群。彼得用樂觀和鼓勵的話指引信徒不要介懷當前的考驗和將來的苦楚，他說：「那賜諸般恩典的上帝，……等你們暫受苦難之後，必要親自成全你們，堅固你們，賜力量給你們。」

52 堅定到底

「所以弟兄們，應當更加殷勤，使你們所蒙的恩召和揀選堅定不移。你們若行這幾樣，就永不失腳。」（彼後1：10）

在彼得的第二封書信中，闡明了上帝訂定基督徒品格的發展計劃。他說：「上帝的神能已將一切關乎生命和敬虔的事賜給我們，……你們要分外的殷勤；有了信心，又要加上德行；有了德行，又要加上知識；有了知識，又要加上節制；有了節制，又要加上忍耐；有了忍耐，又要加上虔敬；有了虔敬，又要加上愛弟兄的心；有了愛弟兄的心，又要加上愛眾人的心。你們若充充足足的有這幾樣，就必使你們在認識我們的主耶穌基督上，不至於閒懶不結果子了。」這段話說明基督徒得勝的祕訣。彼得在此列出基督徒進步的階梯，每一級都代表著在認識神的長進，而且必須不停地攀登這個階梯。我們得救乃在於一步一步，一級一級地往上攀登，直到基督所定的頂點為止。上帝的子民既分享天國的恩賜，就當憑著信心，把握主的應許，一直上達完全的地步。

信徒既接受了福音的信仰，就該在品格中加上德行，藉此潔淨心靈並準備接受來自上帝的知識。這知識乃是一切真教育與真服務的基礎，亦是抵禦試探的唯一保障，也惟有這知識能使人在品格上與上帝相似。耶穌說：「認識你獨一的真神，並且認識你

所差來的耶穌基督,這就是永生。」(約17:3)人人都可在生活上達成基督化品格的完全。基督的無罪生活和十字架犧牲,使相信的人可以藉著祂達到品格的完全。人靠自己是絕討無法達到聖潔的地步,人必須順從聖靈的感化和鍛鍊,靠賴基督公義的馨香才得完全。人自己沒有得勝的智慧或能力,必須與神合作,天天努力養成聖潔的習慣。當人試圖靠著自己去攀登這階梯時,必前功盡棄,一敗塗地。彼得從他多年的屬靈經驗上清楚地指出:一個人若憑信心邁進,始終不渝地逐步攀登那通往天國的階梯,最後必然成功。

此時彼得已知道自己不久即要為道殉身,就不斷地勉勵弟兄們務要堅守真道,並在真理的知識上繼續長進。彼得親身看見和聽到基督的教導,包括主在聖山上光榮變像的情景。他要信徒們熟悉經上所有的預言,以便在危險時可作其嚮導。另外,他又嚴肅地警告教會務要防備假師傅所傳的假道。這些假師傅將在教會內興起,彼得將他們比作「無水的井,是狂風催逼的霧氣,有墨黑的幽暗為他們存留。」

彼得受感動而敘述在末時必有世人不警醒守候基督復臨,他說:「主所應許的尚未成就,有人以為祂是耽延;其實不是耽延,乃是寬容你們,不願有一人沉淪,乃願人人都悔改。」當地上萬物結局臨近時,忠信的人必能辨識各種時兆。他教導道:「你們為人該當怎樣聖潔,怎樣敬虔,切切仰望上帝的日子來到;⋯⋯你們既盼望這些事,就當殷勤,使自己沒有玷污,無可指摘,安然見主。」在結束書信之前,又說:「親愛的弟兄啊!你們既然預先知道這事,就當防備,恐怕被惡人的錯謬誘惑,就

從自己堅固的地步上墜落。你們卻要在我們救主耶穌基督的恩典和知識上有長進。」

在神的安排之下，彼得和保羅一樣，在羅馬結束傳道的工作。約在保羅最後被捕的同時，尼羅皇帝也下令將彼得監禁起來。這兩位使徒多年來在工作上關山遠隔，此時卻要同在當時世界的中心為基督作最後的見證，並要流出他們的熱血，播下為義犧牲的種子。彼得自從被恢復為使徒之職分以來，一直是出生入死、勇敢無畏地傳講十字架、復活、和升天之救主的故事。耶穌曾預言他在年老的時候，要伸出手來，被人束上並帶往不願意去之處。

彼得既是猶太人，又是外籍人，故被判受鞭打，並釘十字架。他回憶起自己在基督受審時否認祂的大罪，就覺得不配與夫子以同樣方式受死。雖然主已經饒恕了他，並負予餵養羊群的崇高使命，彼得仍不能原諒自己。即使在最後慘痛的受難時，依然不能抹去憂傷悔恨的痛苦。他向執行死刑的人作最後的請求，容許他倒釘十字架。這要求蒙准許，於是偉大的使徒彼得就如此壯烈殉道了。

53 蒙愛的約翰

> 「親愛的弟兄啊！我們現在是上帝的兒女，將來如何，還未顯明；但我們知道，主若顯現，我們必要像祂，因為必得見祂的真體。」（約壹3：2）

約翰與其他使徒有別，他被視為「耶穌所愛的那門徒」，與基督有十分深厚的信任和友誼。他蒙揀選瞻仰救主的登山變像，又在客西馬尼園中目睹祂最後的痛苦，甚至冒險跟隨到審判廳。當主被釘在十字架上受苦的最後時辰中，受託付照顧耶穌的母親馬利亞。當他聽見基督復活的消息時，便不顧一切地奔往墳墓那裏去。他與主的關係親密如葡萄樹依附在雄偉的支柱一樣。約翰在品格和生活上表現的愛心和獻身，為教會帶來極大的幫助。

但是約翰並非生來就具備這些品德。他本是一個驕傲自滿，貪慕虛榮，野心勃勃，性情急躁，心存報復，和好批評的人。在門徒中，他和哥哥雅各被稱為「雷子」。有一次耶穌差遣他們先到撒瑪利亞人的一個村莊，要求那裏的人為祂和門徒預備食物。當時撒瑪利亞人以為耶穌是要路過那裏往耶路撒冷去，所以拒絕接待他們。雅各和約翰對此感到憤怒，竟問主是否要從天上降下火來燒滅這些人。主回答他說：「人子來不是要滅人的性命，是要救人的性命。」（路9：56）基督從不勉強人接受祂，總是以

憐憫與恩慈贏得人心。

另外他的母親亦曾經前來要求基督在建立國度時，讓雅各和約翰坐在祂的左右兩邊。耶穌回答說：「你們不知道所求的是甚麼，我所喝的杯，你們能喝嗎？我所受的洗，你們能受嗎？……只是坐在我的左右，不是我可以賜的；乃是我父為誰預備的，就賜給誰。……你們中間誰願為大，就必作你們的用人；誰願為首，就必作你們的僕人。」耶穌要他們看見擺在面前的是十字架，而不是寶座。這兩兄弟將來要與夫子同受苦難，雅各是在眾門徒中最先被刀所殺，而約翰則是受苦受辱和受逼迫最久的一位。

但在約翰的種種缺點之中，救主看到他所擁有的一顆熱誠、真摯、和仁愛的心。耶穌譴責他的自私自利，挫毀他的野心奢望，並磨練他的信心，使他心生渴慕聖潔之意，品格上得到愛的變化。約翰在主的身上看到偉大犧牲的愛，因受這愛的感化而甘願為福音救人的工作獻上一切，以至於死。

還有一次，雅各和約翰遇見一個未公開跟從基督的人奉祂的名趕鬼，他們就禁止那人工作，並以為這樣作是對的。耶穌卻責備他們，不應拒絕別人行善。主教導基督徒不可懷有狹窄排外的精神，要廣泛的接受一切為主作工的人。基督的教訓所表現的柔和、謙卑、和慈愛，乃是為主工作所不可缺少的。約翰在主身邊虛心受教，將每一個教訓都珍藏於心中，盡力效學主的樣式。他對夫子的愛不是出於自己，乃是主愛他的結果。約翰渴望與耶穌相似，在祂慈愛的感召下，成為一個柔和謙卑的人。當他為主作見證時，總是以簡單又有能力的話語感動別人。

在十二使徒當中，約翰之所以特別與主親近，乃是因為他對

主愛最有回應。他是門徒中最年輕的一位,所以更能以赤子般的信靠,向主敞開他的心門。主亦將最深奧的屬靈教訓藉著他傳給眾人。約翰最能講論天父的愛,他將自己所感受的愛顯示給同胞們,並在品格上代表上帝的特性。他的臉上充滿主的榮光,時常以崇敬和仁愛的心瞻仰救主,於是他的品格就能反映出夫子的聖德。他說:「你看父賜給我們是何等的慈愛,使我們得稱為上帝的兒女。」(約壹3:1)

54 忠誠的見證人

「我賜給你們一條新命令，乃是叫你們彼此相愛；我怎樣愛你們，你們也要怎樣相愛。」（約13：34）

　　基督升天之後，在五旬節那天，約翰與其他門徒一同領受聖靈的澆灌；於是他以新的熱忱和能力向人傳講生命之道，引人思念那位看不見的主。約翰是一個頗有能力的傳道人，他以簡單美妙的言辭和音樂般的聲調，講述基督的道理和工作，使各形各色聽道的人深印於心。他的心中存有對基督熾熱的愛，促使他誠切地為教會工作。基督曾吩咐祂的第一批門徒要彼此相愛，像祂愛他們一樣。當時門徒還不能領會這話；及至他們目睹基督的被釘、復活、和升天，以及接受聖靈沛降之後，才清楚體驗到上帝的愛。於是他說：「主為我們捨命，我們從此就知道何為愛；我們也當為弟兄捨命。」

　　在聖靈降下之後，門徒宣講救主時，唯一的願望乃是救人，並甘願為真理犧牲。他們在每日的彼此交往上，表現了基督的愛，力求藉著無私的言行，使別人心裏亦生發此愛。可惜這情形逐漸起了變化，眾信徒開始彼此吹毛求疵，惡意批評，而忘記了救主的愛。他們既熱衷於指摘他人，就疏忽自己的過失，亦喪失基督所吩咐的弟兄之愛。他們拘守外表的禮節過於信仰的實踐，

而且未察覺自己已將上帝的愛關在心門之外，因此陷入黑暗裏。

約翰對此發出忠告，他寫道：「親愛的弟兄啊，我們應當彼此相愛，因為愛是從上帝來的；凡有愛心的，都是由上帝而生，並且認識上帝。沒有愛心的，就不認識上帝；因為上帝就是愛。……不是我們愛上帝，乃是上帝愛我們，差祂的兒子，為我們的罪作了挽回祭，這就是愛了。親愛的弟兄啊，上帝既是這樣愛我們，我們也當彼此相愛。」他又說：「人若說自己在光明中，卻恨他的弟兄，他到如今還是在黑暗裏。……我們應當彼此相愛；這就是你們從起初所聽見的命令。」那足以危害教會的，不是世人的反對；乃是信徒心中所懷藏的惡念。嫉妒、猜疑、惡意批評、和吹毛求疵都足以削弱人的靈性。反之，教會的協調和團結，乃是為主向世人所作之最有力的見證。

今日上帝的教會非常缺乏弟兄之間的友愛。許多自稱愛主的人並不彼此相愛，因此在生活上無法發揮其成聖的影響。基督徒都是天父的兒女，同具有永生的洪福之望，彼此之間應存有密切和親愛的關係。惟有以無私之愛對待弟兄的，才是真正愛上帝的人。那未曾體驗主愛的人，絕不能引領別人到生命的泉源來。祂的愛乃是一種激勵人的力量，導致人在言行上能處處彰顯祂。約翰說：「我們相愛，不要只在言語和舌頭上；總要在行為和誠實上。」這種愛不是一時衝動，而是本著一項神聖的原則，成為生活中持久不變的力量。「我們愛，因為上帝先愛我們。」在一顆蒙神恩典更新的心裏，愛乃是行動的原則。它陶冶品格，管轄衝動，控制慾念，並提昇感情，這種愛必能在他人身上發揮高尚的感化力。

基督徒有這愛充滿於心，就必控制一切動機，超脫世俗腐化的影響。當這愛成為人生的原動力時，就能使人全心倚靠上帝，憑信心到神面前，領受今世和來生幸福所需要的一切。約翰寫道：「這樣，愛在我們裏面得以完全，我們就可以在審判的日子，坦然無懼；⋯⋯愛裏沒有懼怕；愛既完全，就把懼怕除去。」主並不要我們作甚麼艱難的事以求獲得赦免，得蒙上帝憐憫的條件是簡單而合理的。「若有人犯罪，在父那裏我們有一位中保，就是那義者耶穌基督，祂為我們的罪作了挽回祭。⋯⋯我們若認自己的罪，上帝是信實的，是公義的，必要赦免我們的罪，洗淨我們一切的不義。」基督以自己的寶血作贖價，在天庭為罪人代求。不是我們緊握基督，而是因為祂緊握我們。救恩不在於我們自己的努力，乃在於那支持一切應許的救主。只要與主保持聯合，就無人能將我們從祂手中奪去。

隨著歲月的流轉，信徒人數亦增多。撒但在教會裏，利用誣衊和虛假的手段引人反對基督的道理。有一些人聲稱主的愛已經解除人必須服從上帝律法的義務，另有一些人則認為必須遵守律法和猶太人的儀文，而無須倚靠基督的寶血，便能得救。有一些人承認基督是好人，卻否認祂的神性；又有些人假裝效忠上帝，但依然活在罪中，就把異端邪說帶進教會了。約翰看出教會所面臨的危險，便堅決而迅速地起來應付危機。他的書信洋溢著愛的氣息，但對違背上帝律法的人，卻毫不躊躇地提出警告。他說：「凡越過基督的教訓，不常守著的，就沒有上帝。⋯⋯若有人到你們那裏，不是傳這教訓，就不要接他到家裏，也不要問他的安；因為問他安的，就在他的惡行上有分。」

蛻變的生命

　　現代教會中也存有這些威脅早期教會的相同弊病。我們不可與悖逆之徒聯合，不應與罪惡妥協。要像約翰一樣，主持正義，反對謬論。約翰不參與爭論，只將自己所看見和聽到的講述出來。主的真光照耀著約翰，他所講的話便洋溢著愛主之心，充滿著基督聖德的優美。但願每一位信徒都能如此藉著與主相交的經驗，為主作有力的見證。

55 因恩典而變化

「上帝就是愛；住在愛裏面的，就是住在上帝裏面，上帝也住在他裏面。」（約壹4：16）

使徒約翰的生活顯明了真正成聖的例證。在多年與基督親密相交之中，他領受了救主的訓示和責備。當他每日看見耶穌的溫和與寬厚，聆聽祂所教導的謙卑和忍耐，就能體認自己的缺點。他的心天天為基督所吸引，由衷地馴服於基督塑造的能力之中，讓神的愛改變他的品格。

約翰與同作門徒的猶大，在生活上的改變有顯著的差別。猶大雖然自稱為基督的門徒，但徒具敬虔的外貌，卻不願承認己罪，或誠心悔改。每當猶大聆聽主的話語時，心中深感佩服。但他無法摒棄己見，反而固守惡習，屈從試探；以致甘願行在黑暗之中，直到撒但完全控制了他。約翰和猶大代表著一般自稱為跟從基督的人。他們擁有同樣的機會效學主的樣式，聆聽祂的教訓，以及與祂親密同行。他們在品格上各具有嚴重的缺點，但約翰以謙卑的心降服在主裏，而猶大則選擇「單單聽道」而不「行道」。最終約翰接受真理而成聖，猶大卻抗拒恩典之感化力而受撒但的捆綁。

約翰的改變乃是與基督相交的結果。當一個人真心悔改，跟

從基督時，上帝恩典的能力就必使他改變，使他成聖。他既得見主的榮光，就必受到感化，有與主相似般的聖潔。約翰在寫給教會的書信中說：「人若說他住在主裏面，就該自己照主所行的去行。」（約壹2：6）基督徒必須保持內心和生活的純潔，因信基督而追求聖潔。使徒保羅寫道：「上帝的旨意就是要你們成為聖潔。」（帖前4：3）從起初神就揀選我們，要我們成為聖潔。祂又賜下耶穌為我們捨命，叫我們得以脫離罪惡而成為聖潔。一個願意獻身，並接受聖靈教化的人，才可作救主的見證人，為祂宣揚上帝的恩典所成就的事。

真正的成聖乃在於實踐愛的原則。有基督住在心中之人的生活，必能顯出實際的敬虔和尊貴高尚的品格。凡欲成聖的人必須先認識自我犧牲的意義。基督說：「若有人要跟從我，就當捨己，背起他的十字架，來跟從我。」（太16：24）成聖並非一時、一刻、一天的工作，而是一生的工作。這不是一時感情的抒發，而是不斷地向罪死、為主活的結果；藉著恆切的努力，辛苦的鍛鍊，與堅決的鬥爭，方能得勝。只要撒但仍然苟存，我們就必須每日攻克己身，制勝罪魔。成聖乃是終身順從的結果。

凡降服於神的人，都承認他們的本性是有罪的。他們既不靠肉體，也不自稱為義，而是完全仰賴基督的義。人愈就近耶穌，就愈能辨識祂聖德的純潔和罪惡的醜陋，心靈就必不斷地渴慕基督，懇切的認罪，並謙卑己心。正如保羅所說的：「我斷不以別的誇口，只誇我們主耶穌基督的十字架」（加6：14）他又說：「這不是說，我已經得著了，已經完全了；我乃是竭力追求。」（腓3：12）這種不矜誇的態度，也正是每一基督徒在天路上奮

勇前進，努力追求永生冠冕時的態度。在上帝的律法面前，無人能自誇無罪；「我們若認自己的罪，上帝是信實的、是公義的，必要赦免我們的罪，洗淨我們一切的不義。」（約壹1：9）

　　有些人自命聖潔，卻不肯順從祂的誡命。僅僅相信理論或相信聖經的真實性，還是不夠的。約翰說：「凡遵守主道的，愛上帝的心在他裏面實在是完全的，從此知道我們是在主裏面。」（約壹2：5）順從並不能為我們賺取救恩，順從乃是信與愛的果實。我們若住在基督裏，上帝的愛若住在我們心中，那麼我們的思想、情感、和行動都必符合上帝的旨意。有許多人在努力順從上帝誡命時，心中得不到平安或喜樂；此乃信心缺乏操練的結果。上帝的應許是毫無限制的，藉著操練信心，品格上的每一缺點都可補救，每一玷污都可潔淨，每一過錯都可糾正，每一優點都可發展。禱告乃是戰勝罪惡和發展品格的最佳方法。神應許說：「你們求就必得著。」祂必應允每一個信心的祈禱，成就心志上的更新。

　　真正成聖乃是完全的愛，完全的順從，完全符合上帝的旨意。我們固然未能完全，但在基督裏，我們可達到像主一般的完全。現今許多世人按照己意解釋上帝的旨意，一方面隨從私慾，一方面自稱實行上帝的旨意。非但不抗拒試探，反而落在試探的權勢之下。上帝的旨意乃是要我們「成為聖潔」，要我們獻身成為有用的器皿。神希望得到真心的悔改、誠實的敬拜、以及全然的順從。祂在我們面前提示一個崇高的理想——就是完全聖潔。務要渴慕基督恩典的豐盛，追求基督公義的保障，這樣祂的能力必要將你「沒有玷污，無可指摘」地呈獻給神。

56 拔摩島

「敬畏耶和華的,得著生命;他必恆久知足,不遭禍患。」

(箴19:23)

　　這時基督的教會已經組成有半個世紀以上。在此期間,福音
屢遭反對,在羅馬皇帝同意下,基督徒受到各種逼迫。使徒約翰
也為此費了許多心血來堅固並加強信徒的信心,幫助弟兄們勇敢
忠貞地應付臨到他們身上的試煉。他時常以能力和口才重述主被
釘而復活的故事,他寫道:「論到從起初原有的生命之道,……
我們將所看見的、所聽見的、傳給你們。」(約壹1:1、3)

　　約翰得享高壽,又曾親眼看見耶路撒冷的毀滅和聖殿的荒
廢。此時,他是基督門徒中的僅存者。他所傳講的信息,發揮了
重大的影響力,使多人改變不信的態度。猶太人的官員對他滿懷
仇恨,知道若要人忘記耶穌的神蹟和教訓,就務必停止他作見證
的聲音。所以約翰被傳到羅馬,為他的信仰受審。在羅馬,他們
歪曲他所傳的道理,利用假見證控告他傳講煽動性的異端,希望
藉此將他置諸死地。約翰以清楚而有感服力的言辭為自己辯護。
然而他的見證愈令人信服,反對他的仇恨愈益強烈。當時杜密先
皇帝非常震怒,決意要止息他的聲音。

　　他們將使徒約翰投進沸滾的大油鍋中,但主卻奇妙地保全了

他的性命。約翰對他們說：「我的夫子捨生拯救世人，如今我很榮幸能為祂的緣故受苦。我是軟弱有罪的人，而基督卻是聖潔無疵的。」這些話使那些人受感動，而將他從油鍋裏又拉上來了。皇帝下命令，將他放逐到愛琴海中荒蕪的拔摩島上。羅馬政府以為如此約翰就不能再有甚麼影響，必因困苦而死在這荒島上。

這個淒涼之地，對上帝的忠僕來說，卻成了天國之門。在這裏他遠離煩囂，與世隔絕，但有上帝、基督、及天使作伴，直接領受天上來的啟示。上帝將世界歷史結束時所要發生的大事，都展現在他面前，約翰將這些異象一一記錄下來。雖然他的聲音不能再為主作見證，但上帝賜給他的末世信息，卻要如同明燈發亮，向各處宣揚神的旨意。約翰與創造主保持交往，心中充滿平安與喜樂。在孤寂中，反而能夠比以往更為仔細地研究神在自然界和聖經中所顯現的能力。他從四周的景色看到洪水的明證，生動地使他感受上帝忿怒的可怕和大能者無窮的權威。他因巖石而想起力量的磐石──基督，深感隱藏於主蔭下的安穩。在拔摩島上，約翰獻上最誠摯的禱告和愛神之心。

許多人以為約翰被放逐後就不能再有所貢獻，其實他雖然離開從前工作的地點，神仍以他為合用的器皿，繼續為真理作見證。即使在荒島上，他亦結識新朋友，並引領他們悔改歸主。約翰所傳的乃是喜樂的信息，宣揚復活的救主在天上作我們的中保，直到祂復臨時接我們一同回天家。在年事已高時，他從上天所領受的信息，竟比過去一生年日中所得到的更多。對於那些將一生心血貢獻作主聖工的人，教友們應當予以最親切的關懷和尊重。他們也許因年邁而體弱力衰，但卻仍具才能與經驗，可為聖

工擔負責任。他們曾經受考驗和試煉，累積了許多寶貴的歷練與智慧。因此他們所能給予的忠告是具有極高的價值。主希望年輕的工人能與年長的工人聯合同工，藉此得到智慧、力量、和熟練；並要在教會的議會中給予這些長者榮譽的地位，使他們有機會分享在聖工上的經驗，繼續堅守工作崗位。

從約翰受逼迫的經驗裏，可以看到一個美好又有力的教訓。上帝並不阻止惡人的陰謀，但祂卻使那些經過試煉仍保持信仰與忠貞的人得造就。在苦難的磨練中所得的經歷，可導使神的兒女就近和倚靠祂，並從神那裏得力量應付危險。歷代以來，眾先知和先賢們都曾為義受逼迫。其中有約瑟曾被蒙冤枉入獄，大衛曾被仇敵追殺，但以理被扔進獅子洞中，約伯喪失一切所有，耶利米被投在淤泥坑裏，司提反被石頭砸死，保羅被監禁處死，而忠心的約翰則被放逐到拔摩島。他們的榜樣說明了人如何在最黑暗的時辰中信賴上帝。無論環境是多麼惡劣，依然可以堅信天父的引導，這就是信心的見證。

耶穌並沒有向跟從祂的人提供世上的榮華富貴，也未曾提供一個免受患難的生活。反之，主呼召我們在克己和犧牲的路上跟從祂，以言行彰顯神的慈愛。歷代以來，撒但經常逼迫上帝的子民，用盡方法折磨他們。但忠心的基督徒最終必成為勝利者。惡人可以殘害他們的身體，卻不能傷害他們藏在主裏的生命。上帝的榮耀——祂的聖德——藉著試煉和逼迫，要在祂所揀選的人身上彰顯出來。他們在地上行走於窄路上，在苦難的鎔爐中得煉淨，在痛苦的鬥爭中跟從基督。既與基督一同受苦，就能透過幽暗看到將來的榮耀。

57 啟示錄

「念這書上預言的和那些聽見又遵守其中所記載的，都是有福的，因為日期近了。」（啟1：3）

在使徒時代，信徒充滿熱誠和興奮，不息不倦地為主效勞，以致在相當短的時間之內，福音冒著強烈的反對，傳遍了整個歐西世界。當時代表使徒時代全體信徒的以弗所教會，以赤子般的熱誠為特徵。他們認真地順從神的每一句話，在生活上也表現真誠的愛，並樂意讓主長住心中，遵行上帝的旨意。他們既充滿愛主之心，必熱衷於引人歸主，將救恩的佳音傳到地極。世人也認明他們是跟從耶穌的人。教會的教友們在思想和行為上都是聯合一致，竭力追求更加認識主。因此他們的生活彰顯了基督的喜樂與平安，保守自己不沾染世俗，並看顧在患難中的孤兒寡婦。如此聖工在每一個城市中推進，引領多人悔改信主。

但過了一段時期，信徒的熱心開始減退，愛上帝和彼此相愛的心也逐漸低落。冷淡的現象潛入教會。眼看著老前輩們相繼倒下，有些人失去了初信的熱忱，更有些年輕的領袖們對道理感到厭倦，企圖發明一些新道理迎合人心，導致混亂和爭議。許多人的視線不再仰望那創始成終的耶穌，而浪費時間在不重要或錯誤的道理上。教會的敬虔迅速地衰弱。在這緊要關頭，約翰又遭

流放。教會從來沒有比此刻更需要聽見約翰的聲音。原先與他同工傳道的人幾乎都已殉道，剩餘的信徒也面臨著劇烈的反對，仇敵似乎即將得勝。但在冥冥之中，主的聖手仍在運行。在拔摩島上，約翰領受新的信息，繼續開導和加強眾教會。仇敵所企圖熄滅的真光，反而更顯光明。

約翰在島上依然謹守聖日，主就在安息日向他啟示異象。約翰寫道：「當主日我被聖靈感動，聽見在我後面有大聲音如吹號說：你所看見的，當寫在書上。」又說：「我是阿拉法，我是俄梅戞，是昔在今在以後永在的全能者。……我轉過身來，要看是誰發聲與我說話。既轉過來，就看見七個燈臺；燈臺中間有一位好像人子。祂的頭與髮皆白，如白羊毛，如雪；眼目如同火焰；腳好像在爐中鍛鍊光明的銅。」（啟1：8、12－15）

約翰看見就仆伏在祂腳前，像死了一樣。然而主對他說：「不要懼怕。」於是在他眼前展開了天國榮耀的景象。他蒙准許得以觀看上帝的寶座，並看到在地上鬥爭結束之後，身穿白衣的贖民。他又聽到天使的音樂以及得勝聖徒的凱歌。在這些啟示中，展開了動人的景象，說明末時教會的歷史和上帝子民的經驗。約翰將這些重要的象徵和表號一一記錄下來，提供給當時和後代的信徒知道將要遭遇的鬥爭。

這啟示原是賜下給新約時期教會的指導和安慰。有些宗教教師認為這是一本封閉的書，無法解釋其中的奧祕。所謂「啟示」乃開啟的指示，主親自向約翰啟開書中的奧祕，而且將這奧秘公開，供眾人研究。這預言中所敘述的事，一部分已成過去，一部分正在演進；一部分使人看到黑暗與光明之君的大爭鬥，一部分

則顯示贖民在新天地的勝利和喜樂。凡敞開心門接受真理的人，必能明白其中的教訓，以及承受其應許的福分。啟示錄乃是聖經各卷的綜合與總結，也是但以理書的補編。但以理書是預言，啟示錄則是啟示。那封閉的書是指但以理預言末日的一部分，天使曾吩咐但以理：「你要隱藏這話，封閉這書，直到末時。」（但12：4）

基督親自指示約翰將這些啟示傳達給七個教會：以弗所、士每拿、別迦摩、推雅推喇、撒狄、非拉鐵非和老底嘉。主說：「論到你所看見、在我右手中的七星，和七個金燈臺的奧秘。那七星就是七個教會的使者；七燈臺就是七個教會。」（啟1：20）七教會的名字代表紀元後七個不同時期中的教會。七是代表完全的數目，並象徵這信息要延展到末時，其表號顯示教會在世界歷史各時期中的情況。基督常在各燈臺中間行走，象徵著主與祂的子民的交往。雖然是天上聖所的大祭司和中保，祂卻不息不倦地照顧和保守祂的教會。祂右手拿著七星所指的乃是教會的傳道人。正如天上的眾星都在祂管轄之下運轉，祂的傳道人也成為主手中的器皿。只要他們仰望祂，就必得著能力去作祂的工作，將主的光明反射給世界。

那時的教會是有缺欠的，正需要嚴厲的責備和管教。約翰受感動記錄警告和責備的信息，憑著愛心講出來；同時還帶給每一位悔改之信徒應許，說：「看哪！我站在門外叩門；若有聽見我聲音就開門的，我要進到他那裏去，我與他，他與我一同坐席。」（啟3：20）對於忠心堅守信仰的人，約翰寫道：「你既遵守我忍耐的道，我必在普天下人受試煉的時候，保守你免去你

的試煉。」（啟3：10）

　　這年邁的使徒展望到將來漫長的黑暗裏，有許多人因愛護真理而殉道；又看見在大鬥爭終止之後，得勝的人站在玻璃海上高唱摩西和羔羊的歌。「猶大支派中的獅子」和「羔羊」乃代表無窮之能力與自我犧牲之愛的結合。對忠心的人而言，「猶大支派中的獅子」變成了「上帝的羔羊」，是光明、憐憫、與拯救的信號。上帝的子民在世界上本來只是一小群，但在末日號筒吹響時，死了的義人必要復活，與上帝、基督、天使、和歷代的聖徒站在一起，就成為多數了。基督徒經過劇烈的奮鬥、忍受克己的犧牲、與基督一同受苦，就必與祂同得榮耀。看到上帝餘民教會的最後勝利，約翰寫道：「我又觀看，見羔羊站在錫安山，同祂又有十四萬四千人，都有祂的名、和祂父的名、寫在額上。羔羊無論往哪裏去，他們都跟隨祂。他們是從人間買來的，作初熟的果子歸與上帝和羔羊。」（啟14：1、4）但是所有在天上跟隨羔羊的，必須先在地上跟隨祂，就像羊群跟從牧人一樣。

　　約翰形容聖城的情景時，寫道：「他們在寶座前……唱歌，彷彿是新歌；除了從地上買來的那十四萬四千人以外，沒有人能學這歌。」（啟14：3）「我又看見聖城新耶路撒冷由上帝那裏從天而降，……城的光輝如同極貴的寶石，好像碧玉，明如水晶；有高大的牆；有十二個門，門上有十二位天使；門上又寫著以色列十二個支派的名字。十二個門是十二顆珍珠；每門是一顆珍珠；城內的街道是精金，好像明透的玻璃。」（啟21：2、11、12、21）「天使又指示我在城內街道當中一道生命水的河，明亮如水晶，從上帝和羔羊的寶座流出來。在河這邊與那邊有生

命樹，結十二樣果子，每月都結果子；樹上的葉子乃為醫治萬民。」（啟22：1、2）「看哪！上帝的帳幕在人間；祂要與人同住，他們要作祂的子民，上帝要親自與他們同在，作他們的上帝。」（啟21：3）

58 勝利的教會

「耶和華啊,你一切所造的都要稱謝你;你的聖民也要稱頌你。耶和華在祂一切所行的,無不公義;在祂一切所作的,都有慈愛。」(詩145:10、17)

使徒們為基督的緣故辛勞犧牲,在聖靈指示之下寫成歷史,記載於聖經中勉勵各世代的基督徒。他們完成了救主所交負的使命,靠著聖靈的合作,成就了這震動全世界的工作。在一個世代之內,竟將福音傳遍各國。當門徒開始工作的時候,多是沒有學問的平民;但他們毫無保留地獻身給主;因此在祂的教導之下,能夠從事這項偉大的工作。有恩惠和真理激勵他們的意志,推進他們的行動,使他們的生命與基督一同藏於上帝裏面。他們將個人的榮譽與祂的寶座聯在一起,竭盡全力為主奮鬥。基督既已向他們顯示自己,門徒就仰望祂的指引,高舉耶穌的名,引領多人接受福音。

基督教會開始的工作十分艱辛,門徒的工作經常遭遇窮困,譏謗、和逼迫。但他們不以性命為念,反因配為基督受苦而歡喜快樂。不是靠賴自己的能力,而是倚靠永生上帝的大能,才能完成他們的使命。上天的恩典在他們身上得彰顯,上帝以無限的大能引領他們得勝。使徒是在基督裏建立教會,保羅說:「因為那

已經立好的根基，就是耶穌基督，此外沒有人能立別的根基。」（林前3：11）彼得説：「主乃活石，固然是被人所棄的，卻是被上帝所揀選所寶貴的。」（彼前2：4）耶穌是「房角石」和「萬古的磐石」，不論是猶太人或外邦人，都要將信仰的根基建造在這上面。

　　許多參加建設教會工作的人可以比擬尼希米時代修造城牆的人。當時的君臣和官長們都想毀壞上帝的殿，但忠心的信徒卻冒著監禁、酷刑、和死亡的威脅，繼續推進聖工。教會初期的建築工人，一個一個地倒在敵人手下。司提反被石頭打死，雅各被刀所殺，保羅被斬首，彼得倒釘十字架，約翰被放逐。但教會依然進展，相繼有新的工人起來接替工作。上帝教會的「聖殿」因此得建立。接著好幾個世紀，都對基督的教會進行大逼迫，但始終不乏人為道殉身。工人縱然遭難，工作依舊發展。其中有如中古世紀的華爾多人、約翰‧威克里夫、胡斯和耶羅默、馬丁‧路德、薩文黎、克蘭莫、拉提麥、許格諾教派、約翰和查利‧衛斯理等人都是建立教會的好工人。歷經許多世紀，建造的工作未曾停止。這些珍貴的寶石亦在永恒的歲月中閃亮著。

　　這個建造的工程至今尚未完成，現時代的人也要參予這工作。保羅説：「人在那根基上所建造的工程，若存得住，他就要得賞賜。人的工程若被燒了，他就要受虧損；自己卻要得救；雖然得救乃像從火裏經過的一樣。」（林前3：14、15）基督當日怎樣差遣祂的門徒，今日祂也照樣差遣教會中的弟兄姊妹們。凡願意以上帝為力量的人，祂必與他們同工。基督已將神聖的任務交付祂的教會，每一個肢體都應當成為媒介，將祂豐盛的恩典傳

給世人。教會乃是上帝用以宣揚真理的機構，只要忠於職守，順從神的命令，就足以抗禦任何權勢。這股熱誠，曾使門徒不顧一切地為福音作見證。我們豈不該以同樣的火熱之心，去宣講救贖之愛和十字架的故事嗎？每一個基督徒都有特權，不僅要仰望，也要催促救主的復臨。

教會若願披上基督的義袍，必能堅立不屹，獲得光明的勝利。每當上帝的信息遭遇反對時，祂就必加添新的力量，使信徒得以衝破一切障礙。我們可以展望天國的福氣，憑著信心站在聖城的門口，將自己的冠冕放在救主腳前，大聲說：「曾被殺的羔羊是配得權柄、豐富、智慧、能力、尊貴、榮耀、頌讚的。」（啟5：12）贖民要在那裏迎見那些引領他們歸主的人，大家同聲讚美基督。到那時鬥爭已過，患難紛爭皆已終止，勝利的歌聲洋溢全天庭。

約翰形容道：「此後，我觀看，見有許多的人，沒有人能數過來，是從各國、各族、各民、各方來的，站在寶座和羔羊面前，身穿白衣，手拿棕樹枝；大聲喊著說：願救恩歸與坐在寶座上我們的上帝，也歸與羔羊。……這些人是從大患難中出來的，曾用羔羊的血，把衣裳洗白淨了。……他們不再飢，不再渴；日頭和炎熱也必不傷害他們；因為寶座中的羔羊必牧養他們，領他們到生命水的泉源，上帝也必擦去他們一切的眼淚。」（啟7：9、10、14、16、17）在那裏「不再有死亡，也不再有悲哀、哭號、疼痛，因為以前的事都過去了。」（啟21：4）阿們！

新舊約聖經目錄對照表

舊約聖經		新約聖經	
卷　　　　名	**簡稱**	**卷　　　　名**	**簡稱**
創世記	創	馬太福音	太
出埃及記	出	馬可福音	可
利未記	利	路加福音	路
民數記	民	約翰福音	約
申命記	申	使徒行傳	徒
約書亞記	書	羅馬人書	羅
士師記	士	哥林多前書	林前
路得記	得	哥林多後書	林後
撒母耳記上	撒上	加拉太書	加
撒母耳記下	撒下	以弗所書	弗
列王紀上	王上	腓立比書	腓
列王紀下	王下	歌羅西書	西
歷代志上	代上	帖撒羅尼迦前書	帖前
歷代志下	代下	帖撒羅尼迦後書	帖後
以斯拉記	拉	提摩太前書	提前
尼希米記	尼	提摩太後書	提後
以斯帖記	斯	提多書	多
約伯記	伯	腓利門書	門
詩篇	詩	希伯來書	來
箴言	箴	雅各書	雅
傳道書	傳	彼得前書	彼前
雅歌	歌	彼得後書	彼後
以賽亞書	賽	約翰一書	約壹
耶利米書	耶	約翰二書	約貳
耶利米哀歌	哀	約翰三書	約參
以西結書	結	猶大書	猶
但以理書	但	啟示錄	啟
何西阿書	何		
約珥書	珥		
阿摩司書	摩		
俄巴底亞書	俄		
約拿書	拿		
彌迦書	彌		
那鴻書	鴻		
哈巴谷書	哈		
西番雅書	番		
哈該書	該		
撒迦利亞	亞		
瑪拉基書	瑪		

國家圖書館出版品預行編目資料

蛻變的生命 / 懷愛倫（Ellen G. White）著. -- 初版. --
臺北市：時兆, 2012.04
　面；　　公分. --（勵志叢書；20）
譯自：The act of the apostles
ISBN 978-986-6314-23-0（精裝）

1. 基督徒

244.9　　　　　　　　　101000184

勵志叢書20

蛻變的生命（使徒行述精簡版）

THE ACT OF THE APOSTLES
Abridged Version

作　　　者	懷愛倫（Ellen G. White）
特 約 編 輯	李秀華
董 事 長	伍國豪
發 行 人	周英弼
出 版 者	時兆出版社
客 服 專 線	0800-777-798
電　　　話	886-2-27726420
傳　　　真	886-2-27401448
地　　　址	台灣台北市105松山區八德路2段410巷5弄1號2樓
網　　　址	http://www.stpa.org/
電 子 信 箱	stpa@ms22.hinet.net
責 任 編 輯	周麗娟
文 字 校 對	李秀華、黃滿足、蔡素英
美 術 編 輯	時兆設計中心邵信成、林俊良、李宛青
法 律 顧 問	統領法律事務所
電　　　話	886-2-23212161
商 業 書 店 總 經 銷	聯合發行股份有限公司
電　　　話	886-2-29178022
住　　　址	台灣新北市中和區中山路2段315巷2號4樓
基督教書房總 經銷服務專線	0800-7777-98 時兆營業部
I　S　B　N	978-986-6314-23-0
定　　　價	新台幣　NT$220元
出 版 日 期	2012年4月　初版1刷